Pe. Jerônimo Gasques

# São Padre Pio

## O ÊXTASE DA COMUNHÃO

EDITORA
SANTUÁRIO

COORDENAÇÃO EDITORIAL: Ana Lúcia de Castro Leite
REVISÃO: Sofia Machado
DIAGRAMAÇÃO: Mauricio Pereira
CAPA: Felipe Marcondes

**Dados Internacionais de Catalogação na Publicação (CIP) de acordo com ISBD**

G249s Gasques, Jerônimo

São Padre Pio: o êxtase da comunhão / Jerônimo Gasques. - Aparecida : Editora Santuário, 2022.
96 p. ; 14cm x 21cm.

Inclui sumário.
ISBN 978-65-5527-194-2
ISBN 978-65-5527-200-2 (e-book)

1. Religião. 2. Cristianismo. 3. Comunhão. I. Título.

2022-1029 CDD 240
CDU 24

**Elaborado por Odilio Hilario Moreira Junior - CRB-8/9949**

**Índice para catálogo sistemático:**

1. Religião : Cristianismo 240
2. Religião : Cristianismo 24

2ª impressão



Rua Pe. Claro Monteiro, 342 – 12570-045 – Aparecida-SP
Tel.: 12 3104-2000 – Televendas: 0800 - 0 16 00 04
www.editorasantuario.com.br
vendas@editorasantuario.com.br

"Dirás tu o mais belo dos credos
quando houver noite em redor de ti, na hora
do sacrifício, na dor, no supremo esforço
de uma vontade inquebrantável para o bem.
Este credo é como um relâmpago,
que rasga a escuridão de teu espírito e,
em seu brilho, eleva-te a Deus!"

*São Padre Pio*

# INTRODUÇÃO

A história de São Padre Pio é realmente fascinante. Ele foi o único sacerdote, na história, a receber as chagas de Cristo, ou seja, foi o único a celebrar uma Missa com as chagas; por isso definiam a celebração presidida por ele como "um verdadeiro reviver da Paixão de Cristo" (Diác. Bruno). Esse aspecto, de certa forma, trouxe relevância para seus devotos, mas não para ele. [1]

Sua vida trouxe o impacto de uma "novidade" extraordinária. Não era possuidor de muitos dotes que o pudessem fazê-lo notado, mas era notado pelo modo

[1] A Verdadeira Fisionomia dos Santos – Doze Santos indicam caminhos para Deus. Versão digital, 2021, ACN. Coordenação editorial Pe. Evaristo Debiasi. Tema do capítulo: Padre Pio, O Sacerdote do Cristo Crucificado (1887-1968), páginas 144-152.

simples de ser padre/frade franciscano. Carregou a pecha de místico e, desde pequeno, desejou ser um frade. Tivera, desde cedo, a presença franciscana em sua vida de família. Deveras, isso o cativou e formou sua personalidade.

Padre Pio foi um homem abrasado pelo amor de Deus, marcado pelo sofrimento e profundamente imerso nas realidades sobrenaturais. Recebeu os estigmas, sinais da Paixão de Jesus Cristo, em seu próprio corpo. Entregou-se inteiramente ao ministério da Confissão e buscou, por meio desse sacramento, aliviar os sofrimentos atrozes do coração de seus fiéis. Todos que o procuravam encontravam uma palavra de alívio. Certamente, isso o fez notado e admirado.

Durante anos, relutamos em escrever algumas impressões pessoais e espirituais sobre sua história de vida cristã. Sempre achávamos que tínhamos muitos livros retratando sua trajetória e espiritualidade. Foram dezenas de autores interessados em reescrever essa história fascinante e cheia de delicadezas divinas.

Padre Pio vai além de tudo quanto escrevemos, imaginamos e pensamos. Ele traz uma história de presencialidade em meado do século XX. É, todavia, um santo da modernidade. Assim devemos entender sua trajetória de santidade em um mundo cravado em tantas dificuldades para se ascender ao altar dos bem-aventurados; ele fez a diferença!

Soube conviver com as indelicadezas da vida. Dizia: "Reavive a cada momento sua confiança em Deus e mais ainda na hora das provações". De certo, esse foi seu grande diferencial.

Por todo canto onde passamos, encontramos devotos de São Padre Pio. Não somente na Itália, mas em todos os recantos da Igreja católica. Como dizem, de forma maldosa, na Itália, é mais conhecido que a Deus! Certamente, é uma forma exagerada de se definir essa devoção; essa admiração por aquele homem que, durante décadas, se amanhou ao serviço da evangelização e levava uma palavra de conforto às pessoas enlutadas. Foi o santo da época que deu certo e foi ao encontro dos sofredores da alma!

Na certeza, observamos essa carência pastoral da Igreja. Os padres se tornaram muito "profissionais" do divino no atendimento das pessoas. A sociedade está carente de presencialidade, de atenção, de bênção e de contatos humanizados.

Hoje, aqueles que podem se dirigem aos psicólogos, aos psiquiatras. Tem sobrado muito pouco aos sacerdotes, além das dificuldades em encontrá-los à disposição da comunidade para ouvir confissões, conselhos etc. Na realidade, tudo ficou muito mecânico, e precisa-se marcar hora para o atendimento pastoral. Com tanta burocracia, as pessoas desistem de procurar o padre da paróquia.

São Padre Pio era diferente. Passava horas no confessionário. Levantava-se muito cedo para a oração e meditação. Depois do café da manhã, dirigia-se ao confessionário para o atendimento. Ali os pecadores se aproximavam com reverência e na certeza do perdão para o alívio da cosnciência.

Dizia para muitos ao final da confissão: lembrem-se, seus pecados, por mais numerosos e graves, são limitados; a misericórdia de Deus é infinita.

Ele era um sacerdote reservado. Nada de glamour a seu respeito. Pouco se sabe de sua vida espiritual. Em sua humildade, não gostava de falar de si. Eis uma frase dele que resume toda a sua vida: "O amor é a rainha das virtudes, como as pérolas se ligam por um fio, assim as virtudes, pelo amor. As pérolas se soltam e fogem quando se rompe o fio. Assim também as virtudes se desfazem afastando-se o amor. É preciso amar, amar e nada mais" (*idem*, p. 152).

Padre Pio tinha uma vida reservada, apenas a servir a dimensão do sagrado, e uma vocação formada na opção decidida por servir a Deus; desde criança, alimentava esse desejo. Pouco saía do convento. Levantava-se cedo e iniciava a atividade de pastor, ouvindo confissões, respondendo a cartas e dando conselhos. Era o pastor que faltava. Seu tempo era tomado por essa presteza e, à medida que a sua "fama" crescia, aumentava sua atividade, até em altas horas da noite.

Hoje, as comunicações dão muita visibilidade aos sacerdotes. Todos sabem o que fazem e deixam de fazer. Publicam suas artimanhas, seus passeios e suas aventuras pelo mundo das ilusões (internet), com isso, sobra pouco tempo para atender os pobres que deveriam ter uma palavra de conforto e de luz.

Da vida desse santo quase nada se sabe, pois era simples e rotineira, como a de qualquer frade ou monge. Nunca escreveu uma linha sobre si. Ele disse várias vezes: "Eu quero ser apenas um pobre frade que reza".

Dele ficaram, apenas, frases soltas, que foram conservadas na memória do povo e daqueles que conviviam com ele. Dizia: "Todos têm sua cruz; todos perguntam quando lhes será tirada. Mas, se soubessem o quanto é preciosa, todos a pediriam".

São pensamentos desse tipo que edificavam a vida de seus penitentes, seguidores e admiradores. O impacto estava no registro de uma vida simples, sossegada e carregada de virtudes. Tinha o dom da proximidade e da revelação. Sabia ler pensamentos e desejos escondidos de seus penitentes. Era telepático. Podia estar em dois lugares ao mesmo tempo (bilocação). Cativava pela energia, pelo perfume suave de Cristo, que o impregnava em sua presença humana. Carregava, em si, os estigmas que o aproximava de Cristo. Foi um dom. Um sofrimento benéfico como lição de espiritualidade e de mística.

Padre Pio tinha muitas intuições e revelações que ficaram marcadas na vida de seus admiradores. Sabia se submeter na humildade. Suas reações eram sutis, elegantes e admiradas por todos. Não tinha um olhar de ajuizamento. Era tenaz no julgamento, mas sabia amar com misericórdia.

Alimentava a esperança daqueles que o procuravam. Propor a misericórdia faz bem a todos. As pessoas desejam a confissão para se sentirem perdoadas e não para se sentirem mais confusas e culpadas. Seus conselhos caminhavam nessa linha de reconciliação e de acolhimento. Seu estupendo sucesso era o desejo da cruz. Algo que muitos apetecem abandonar, para ele era tão preciosa e cheia de gratuidade. A sabedoria da cruz nunca é, por demais, assustadora. Dizia a seus penitentes: "Tenha Jesus Cristo em seu coração e todas as cruzes do mundo parecerão rosas".

Padre Pio viveu em tempos sombrios. A guerra de 1914 e a gripe espanhola atingiram em cheio seu convento. Eram 18 religiosos. Restaram apenas três frades. A gripe espanhola foi considerada a mãe das pandemias. Deixou mais de 50 milhões de mortos pelo mundo afora. E o Brasil não passou ileso por ela. Por aqui foram cerca de 40 mil óbitos, entre eles o do presidente da época, Rodrigues Alves (1848-1919).

A guerra foi um conflito bélico global centrado na Europa, que começou em 28 de julho de 1914 e durou até 11 de novembro de 1918. Ela deixou 10 milhões de soldados mortos e outros 21 milhões ficaram feridos. Também 13 milhões de civis perderam a vida.

Estourou a Primeira Guerra Mundial. Foi convocado. Trocou a batina pela farda de soldado. Como era muito franzino, era zombado pelos colegas, porque sua roupa (uniforme) ficava tão grande que não se aquentava dentro dela. E, como não tinha destreza para o combate, foi trabalhar como cozinheiro e faxineiro. O que mais lhe incomodava era o ambiente promíscuo da caserna, o palavreado e modo grosseiro de o tratarem.

Devido à inadaptação, foi transferido para Nápoles, a fim de trabalhar como enfermeiro em um hospital. Ali fora obrigado a realizar todos os tipos de trabalho mais abjeto. Deus o estava preparando para a grande missão junto aos sofredores e pecadores. Teve de aprender a lidar com a miséria humana, presenciando o sofrimento físico dos doentes e dos feridos da guerra. Todo esse trabalho fez com as mãos chagadas pelos estigmas. O leitor poderia avaliar o sofrimento e o constrangimento?

Mais tarde, foi enviado para Foggia para tratamento de saúde, mas as pessoas não davam trégua ao santo homem. Escreveu a seu diretor espiritual: "Sofro muito por não poder celebrar a santa missa e não poder alimentar-me da carne do Divino Cordeiro".

Até que o tempo e a doença o trouxeram de novo para o convento. Era o dia 20 de setembro de 1918. Chegou ao convento dos capuchinhos Nossa Senhora das Graças, na cidade de São Giovanni Rotondo, para onde havia sido transferido. Foi ali que permaneceu 51 anos sem nunca ter saído.

De forma geral, nosso livro será uma motivação a respeito dessa história cristã de vida, carregada de graça diante de Deus. Podemos ter nele essa inspiração para alcançarmos a vida cristã. Padre Pio foi um modelo de vida possível. Foi um frade franciscano que aprendeu com o mestre São Francisco as lições da humildade e da simplicidade.

Tudo nele respirou aquilo que é carregado de Evangelho como puro, sereno e simples. Viveu as bem-aventuranças como o modelo de experiência de vida ensinada por Jesus Cristo. Habituou-se às asperezas da vida a partir do sofrimento com doenças e os estigmas. Desde cedo, iniciou essa experiência da paixão em sua carne humana. Resistiu. Foi avaliado como falsificador. Foi caluniado e perseguido pela própria Igreja. Tentado a desistir desse caminho, perseverou como servo fiel a todos os contratempos.

Cheio e repleto de experiências místicas, deixou-nos este pensamento: "A misericórdia de Deus será sempre maior que sua ingratidão. Tenha Jesus Cristo em seu coração e todas as cruzes do mundo parecerão rosa. A oração faz desaparecer a distância entre o homem e Deus".

Abrasado pelo amor de Deus e do próximo, o Padre Pio viveu em plenitude a vocação de contribuir para a redenção do homem, segundo a missão especial que caracterizou toda a sua vida e que ele cumpriu por meio da direção espiritual dos fiéis, da reconciliação sacramental dos penitentes e da celebração da Eucaristia. O momento mais alto de sua atividade apostólica era celebrar a Santa Missa. Os fiéis, que dela participavam, pressentiam isso e a plenitude de sua espiritualidade (cf. *vatican.va.news*).

Continuemos a valorizar esse homem de Deus, que nos deixou um legado de esperança diante dos desvarios da vida. Padre Pio foi uma inspiração para os tempos do findar do século XIX. Com o tempo, amortecido por calamidades, aprendeu a olhar seu mundo com mais ternura franciscana. Ele viveu aquilo que pregava e falava: "É preciso calar e ter silêncio a seu redor para poder ouvir a voz de Deus". Seu mundo era carregado de Deus...

## Algumas informações

No título deste livro, SÃO PADRE PIO: O ÊXTASE DA COMUNHÃO, podemos observar o sentido da palavra "êxtase". Padre Pio tivera vários. Os mais significativos foram o da celebração da missa e o do atendimento às confissões.

A Eucaristia para ele era bastante dolorosa devido aos incômodos provocados pelos estigmas nos pés, mãos e peito, que eram dolorosos e causavam dificuldades de ficar de pé, sustentando seu corpo. Por vezes, celebrava sentado.

As confissões eram, também, dolentes. Não era um atendimento corriqueiro para se cumprir uma missão ou o dever de seu sacerdócio. Era precedida por penitência, adoração e muita oração. A compreensão do penitente e seu dote de prever os pecados eram martirizantes para ele. Acreditamos que isso criava um conflito em sua consciência. Por essa razão, e outras, às vezes, dispensava o penitente por não ter sido fiel e se arrependido suficiente para receber a absolvição.

No final de cada capítulo, vamos anotar – **CONSELHO DO PADRE PIO**. Depois, uma ou mais questões para a meditação pessoal ou em grupo, seguidas de indicação de alguns textos bíblicos para aprofundar seu conselho. Após isso, faremos, desse momento, uma meditação do texto lido.

Este livro é, deveras, um encontro com o Padre Pio, com o que podemos meditar e aproveitar dessa vida repleta de sabedoria espiritual. Não é uma história narrativa sobre sua vida. Desejamos fazer uma catequese, tendo em vista esse sacerdote. Lemos vários textos sobre sua vida, que poderiam ter nos deixado satisfeitos, mas quisemos ampliar a reflexão, optando por um texto que apresenta sua história de vida e as consequências para nossa espiritualidade, isto é, um pequeno "catecismo", que nos ajuda a aprofundar na expressão catequética de alguns aspectos de sua vida. As frases e situações de sua história foram sendo narradas e refletidas a miúdo.

Fica, aqui, uma história edificante para se contemplar, admirar e se inspirar como modelo de vida cristã. Finalmente, quatro eram seus interlocutores: Jesus, Maria Santíssima e os anjos e, por vezes, São Francisco.

# 1

# SUA TERRA, SUA PÁTRIA, SUA VOCAÇÃO

Ademais, abrasado pelo amor de Deus e do próximo, o Padre Pio viveu em plenitude sua vocação sacerdotal por meio da direção espiritual dos fiéis, da reconciliação sacramental dos penitentes e da celebração da Eucaristia. Assim, o momento mais alto de sua atividade apostólica era celebrar a Santa Missa *(Retirado da Biografia de Padre Pio – Site do Vaticano).*

Falemos um pouco sobre sua vocação, pátria e terra natal. Descubramos a natureza que o acolheu desde o nascimento. O santo não nasce pronto; ele se plenifica, cresce e amadurece.

Viveu imerso nas realidades sobrenaturais. Não só era o homem da esperança e da confiança total em Deus, como também, com as palavras e o exemplo, infundia essas virtudes em todos aqueles que se aproximavam dele. O amor de Deus inundava-o, saciando todos os seus anseios; a caridade era o princípio inspirador de seu dia: amar a Deus e fazê-lo amar. Sua particular preocupação: crescer e fazer crescer na caridade (cf. *vatican.va.news*).

A Itália foi sua terra natal. Era final do século XIX e começo do XX. Muitos acontecimentos decorreram naquele período. Foi uma fase de inúmeras mudanças na história mundial, marcada por revoluções, descobertas, críticas e inovações. A Igreja não caminhou na mesma velocidade dos tempos modernos. O desmoronamento da religião, durante o processo de secularização, foi uma das condições do sucesso do nacionalismo desde o fim do século XVIII na Europa.

A Itália era uma jovem nação unificada com Roma, sua capital. Em meio aos conflitos políticos, movia-se para conquistar seu espaço na Europa. A Igreja não estava tranquila diante dos conflitos de interesses e se fez refratária de uma nação não independente. Os estados pontifícios estavam entregues ao desgoverno até o Tratado de Latrão da Igreja com Benito Mussolini em 1929.

Foi nesse cenário, de certa forma perturbador, que nasceu o Padre Pio, uma criança que trouxe luz em meio à escuridão da fé e aos desencontros de um mundo perturbado com as revoluções e a guerra, que se assomava devastadora.

## A região de seu nascimento

Em geral, conhece-se Roma por sua antiguidade e cultura: Florença e Veneza por seus encantados rios e Benevento por sua antiguidade clássica. Diz a lenda que Benevento foi fundado pelo herói grego Diomedes, que desembarcou na Itália após o incêndio de Troia. As primeiras fontes documentadas datam do século V a.C., ou seja, o período da Guerra Sunita. Durante o Império Romano, a cidade era chamada de "Malevento". Terra de vários Papas, entre eles os papas Vittore III e o polêmico Gregório VIII (1100-1187), é, segundo um site italiano, uma cidade pequena, que tem muito para oferecer.

Suas origens, que vêm dos sunitas, egípcios, romanos, lombardos, remontam do Império grego e do importante monumento romano (que data da época de Adriano, II século d.C., que foi restaurado por Caracala (que podia conter por volta de 20.000 espectadores), como o Arco de Troiano (um arco de triunfo) e a Ponte do Leproso.

Não muito longe de Benevento, que fora construído sobre uma colina, na região da Campânia, sul da Itália, fica Pietrelcina, uma vila rural com origens no fim da Idade Média. Para os católicos, é conhecida em todo o mundo como o local de nascimento do Padre Pio, que agitou a pacata vila rural. Desprovida de lojas de souvenir e hotéis, igrejas grandiosas e obras de arte moderna, a vila, que poderia não oferecer grandes somas em dinheiro ao estado, conservou, em grande parte, suas origens agrícolas. Com os anos, foi se tornando um centro de peregrinação em busca de um tesouro espiritual.

As pequenas cidades italianas não prosperaram, mas guardaram sua cultura e modo de ser das pequenas aldeias da Europa. A descoberta dos santos agitou as pequenas aldeias, como, por exemplo, Cássia, com a figura de Santa Rita, e Assis, com Francisco e Clara.

## A história

Francesco Forgione, São Pio, nasceu no dia 25 de maio de 1887, na zona rural de Pietrelcina, sudoeste da Itália. Desde pequeno, era devoto de Nossa Senhora, de seu anjo da guarda e de São Francisco. Tinha aquela concepção de criança: o anjo nos acompanha, quando estamos na graça de Deus, e se afasta, quando estamos em pecado, mas nunca nos abandona. Não que seja errado, mas era seu modo de entender seu "anjinho". [2]

Em 6 de janeiro de 1903, aos dezesseis anos, entrou como clérigo na ordem dos Capuchinhos. Foi ordenado sacerdote em 10 ou 14 de agosto de 1910, aos 23 anos de idade. Devido ao estado de saúde precário, ficou alguns anos na casa de sua família, em sua cidade natal. Em julho de 1916, foi para San *Giovanni* Rotondo, onde permaneceu, praticamente, até o fim de sua vida.

Apesar de tudo, teve uma vida bastante ativa: celebrava, dava catequese, ouvia confissões e atendia o povo que o procurava para a direção espiritual.

---

[2] Silvana Cabucci Leite, Padre Pio – crucificado por amor. Edições Loyola, 2006, 7ª edição. Aqui se encontram alguns pontos a respeito de sua infância (cf. p. 11-17), tão pouco refletidos em livros, e comentários a seu respeito.

Certo dia, ele preparou uma pequena imagem de lembrança, na qual escreveu, na mão, que queria ser como Jesus: um sacerdote santo e uma vítima perfeita. Poucas semanas após essa oferta de si mesmo, o Senhor lhe respondeu, no distrito de Piana Romana, enquanto rezava sob um olmo, por meio do dom dos estigmas.

Em 27 de novembro de 1912, sua alma foi ferida com o místico amor, com os dons dos estigmas, acompanhados por extremo sofrimento. Eram como golpes de um cinzel a ferir sua humanidade. Dizia ele que o Senhor o polia para preparar as pedras para o edifício. Os estigmas são marcas manifestadas fisicamente, mas que, tradicionalmente, são reputadas como tendo origem espiritual; alguns acreditam reproduzirem as cinco chagas de Jesus Cristo. Podem tomar formas variadas, como úlceras, chagas, ferimentos, queimaduras, bolhas e lacerações, e, normalmente, são verificados nos pés, punhos e no tórax, assim como ocorreu quando Jesus foi pregado à cruz.

Temos estudado alguns estigmatizados. Eles se parecem tão diferentes nas formas de "se ferirem" com esses sinais! São Francisco, no dia 17 de dezembro de 1224, teve uma visão e recebeu os sinais; Santa Clara e Santa Rita conviveram com os estigmas; outros, como Santa Catarina de Ricci, Catarina Emmerich, Santa Gemma Galgani, Santa Faustina Kowalska, manifestaram com algumas formas diferenciadas.[3]

É certo também, a bem da verdade, que alguns falsificaram seus "estigmas", como aconteceu com muitos na

---

[3] Gasques, Jerônimo, Santa Rita • o impossível de Deus, Editora A Partilha, 2016, 144 páginas. Uma emocionante história de vida: uma mulher plena da presença de Deus. A Santa dos estigmas, páginas 89-92. Aqui, o leitor poderá encontrar algumas referências sobre esse fenômeno que causa admiração e muitos questionamentos.

alta Idade Média. Um caso típico foi o de artifícios fraudulentos de Magdalena de la Cruz, que, embora durante sua vida tenha sido venerada como santa, confessou à beira da morte que seus estigmas haviam sido criados artificialmente e de forma deliberada [1543, paranormal].

Nesse mundo dos estigmatizados, surgiram inúmeras ideias/teorias para explicar o "fenômeno" que se lhe atribui sobrenatural. Não deixa, certamente, em aberto inúmeras perguntas sem respostas de maneira óbvia. Alguns atribuem como forte estresse pós-traumático de desconhecida proporção.

Acreditar ou não nos estigmas não é um dogma de fé, portanto podem-se fazer questionamentos, inclusive sobre a maneira de como ele aparece em algumas pessoas. Em São Francisco, apareceram esses sinais misteriosos primeiramente. Muitos defendem que a explicação seriam os sintomas da hanseníase (cf. *https://history.uol.com.br*). Depois, em Santa Rita de Cássia. Em ambos, as semelhanças foram evidentes. Dos demais, em décadas seguintes, surgiram outras "versões". Algumas mais profundas e, outras, mais superficiais.

O caso mais chamativo é o de São Pio de Pietrelcina, que teve seus estigmas analisados por estudiosos, que não conseguiram explicar as marcas. Para eles, os estigmas seriam provocados por um fenômeno chamado dermografia – produção de sinais na pele, como manchas ou desenhos produzidos por estados alterados de consciência. Para os mais céticos, tudo não passa de uma grande farsa ou uma grande confusão. Seus estigmas eram profundos, com aparentes feridas de forma alongada, que impressionavam sobremodo.

Esse fascínio dos estigmas é um prodígio divino tão louvado quanto controverso. As palavras não explicam; a fé fica a prover uma resposta eficiente. A Igreja, embora alguns o desejem, não tem uma palavra definitiva para esse fenômeno, cujo "mistério" se acerca da disposição mística de viver. Talvez, pudéssemos expressar dizendo apenas isso!

No dia 20 de setembro de 1910, o padre Pio de Pietrelcina recebeu os estigmas invisíveis. Em 12 de agosto de 1912, assim descreveu, em uma carta:

"Estava na Igreja para fazer o agradecimento pela Missa quando, de repente, senti o coração ser ferido por um dardo de fogo, vivo e ardente, que pensei matar-me; faltam-me as palavras corretas para fazê-lo compreender a intensidade daquela chama: estou bastante impotente para poder expressar-me. Acredita? A alma, vítima desta consolação, ficou muda. Parecia que uma força invisível a submergisse toda naquele fogo... Meu Deus, que fogo!... Em um segundo, minha alma havia sido separada do corpo... Andava com Jesus".

O grito lancinante do pequeno frade chamou atenção dos confrades que foram socorrê-lo, encontrando-o desmaiado no chão!

Como estava confuso com esses sinais, pediu ao Senhor que os sinais visíveis desaparecessem e deixasse apenas a dor. Isso aconteceu por alguns anos. Então, em 20 de setembro de 1918, depois da celebração da missa, os estigmas, os sinais da crucificação de Cristo, voltaram a se tornar visíveis, nos pés, nas mãos e no peito e permaneceram por cinquenta anos, até 23 de setembro de 1968, isto é, ao longo de sua vida; desapareceram, gradualmente, nos últimos meses antes de sua morte (cf. *vaticannews.va*).

Ó Jesus, meu alento e minha vida, enquanto hoje te elevo no mistério de amor, peço-te que possa ser para ti um sacerdote santo e uma vítima perfeita.

Em 1919, três médicos foram ver os estigmas, a pedido dos principais superiores da ordem e também do Santo Ofício, que produziu três relatórios. Um segundo relatório, datado de 1925, foi feito por um dos três médicos. De todos esses relatórios, surge a autenticidade do fenômeno.

Em 1923, foi proibido de celebrar missa publicamente e não tinha ordem para responder às inúmeras cartas recebidas pedindo orientação espiritual.

Esse foi o início de uma longa caminhada de dor, sofrimento e de alegria pelos merecimentos de seus estigmas. Naquela carta, descreveu o impacto que sentira em seu coração, mais tarde se asseveraram em seu corpo as marcas dos sinais de Cristo nas mãos, nos pés e no peito. Iniciava um caminho de sublime ascendência, coroado com muitos sofrimentos de mente e de corpo.

Seus estigmas não eram privilégio; eram dores que se somavam ao desconforto humilde diante dos outros. Em uma carta, anotou alguns sintomas desse enlace:

... Eu sentia-me morrer e teria morrido se o Senhor não interviesse para conter meu coração, que sentia saltar em meu peito. Este personagem desapareceu de minha vista, e eu percebi que minhas mãos, meus pés e meu lado estavam trespassados e escorria sangue! Imagine a tortura que experimentei e experimento continuamente todos os dias. (...) Meu Pai, eu morro de dor por causa da tortura e da vergonha que sinto no íntimo da alma.

Houve a intervenção da Santa Sé, proibindo-o de realizar atividades religiosas e fazendo muitas acusações de todos os tipos. Não perdeu tempo. Fez daquele sofrimento um tempo de penitência, reflexão e questionamentos. Imaginou naquele "deserto" o hospital aos que sofriam. Mais tarde isso se concretizou, pois ele foi o único padre a receber os estigmas na história da Igreja. Os demais santos que carregaram essas feridas eram todos leigos, freiras e diáconos, como fora São Francisco de Assis.

Papa Paulo VI disse isto sobre Padre Pio: "Veja que fama ele alcançou! Quanta gente de todo o mundo ele reuniu em torno de si! Mas por quê? Por que era um filósofo? Por que era um sábio? Por que dispunha de meios? Não, porque rezava a Missa humildemente, confessava de manhã até a noite; era difícil de dizer, representante estampado dos estigmas de Jesus. Era um homem de oração e de sofrimento" (cf. algumas fontes: *padrepio.catholicwebservices.com*; *folha.uol.com.br*; *w2.vatican.va*).

Padre Pio não era, apenas ou tão somente, um homem de oração, mas também de ação social, em favor daqueles que o procuravam para a cura da alma e do corpo. Em 1956, houve a inauguração de sua obra terrena "Casa Sollievo della Sofferenza" (Casa do Alívio do Sofrimento), um dos hospitais mais importantes da Itália. Era a realização de um sonho por ele cultivado durante anos e barrado pela guerra.

Alguns escreveram dizendo que “Ele não quis que o lugar fosse chamado de hospital, pois seria uma casa com atmosfera espiritual que curasse as feridas do corpo e principalmente da alma. Não quis que os leitos tivessem números, mas sim os nomes dos pacientes” (Pe. Debiase).

Falar sobre Padre Pio é refletir sobre um frade cheio de Deus e inspirado a provocar arrepios nos mais altos escalões da Igreja. Sua modéstia e humildade fizeram dele um modelo de cristão cheio de ternura para com os mais pecadores. Atendia de modo exemplar, por horas a fio, no confessionário, onde se realizavam inúmeras conversões. O fato de se aproximar dele já era suficiente para sentir o calor do divino a sua volta.

Nunca saiu de Pieltrelcina, onde se dedicou por décadas aos padecentes da alma. Era um alívio em meio às tormentas. Sempre estava disposto para ouvir confissões, conselhos e indicar o caminho da superação por intermédio da oração.

Era um santo presente. Evocamos a especialidade da bilocação (definida como a presença simultânea de uma pessoa em dois lugares diferentes), coisa rara, mas possível de se ver; os testemunhos variados comprovam essa manifestação.

Padre Alberto, que conheceu padre Pio em 1917, contou: “Eu vi padre Pio que se levantou diante de uma janela, enquanto eu estava olhando para a montanha. Eu cheguei para beijar a mão dele, mas ele notou minha presença. Eu notei que o braço dele estava rígido. Naquele momento eu ouvi que ele estava concedendo a absolvição a alguém. Depois de um tempo, ele se sacudiu como se estivesse saindo de um sono. Ele me viu e me falou: ‘Você estava aqui, e eu não o notei!' Alguns dias depois, um telegrama foi recebido de Torino (Itália). Nele, alguém agradeceu ao superior do convento porque tinha enviado padre Pio a Torino para ajudar uma pessoa que estava morrendo. Eu percebi que o homem estava morrendo no mesmo momento em que Padre Pio estava o abençoando em San Giovanni Rotondo. Obviamente, o superior do convento não tinha enviado Padre Pio a Torino; ele tinha estado lá em bilocação.

Assim se narram inúmeros exemplos e testemunhos a seu respeito. A bilocação é um fenômeno místico de grandeza e um desafio à teologia cristã. Poucos "santos" tiveram essa intuição mística – Santo Antônio de Pádua (1195–1231); São Francisco Xavier (1506-1552); São João Bosco (1815-1888); Santa Rita de Cássia (1138-1457); São Martinho de Porres (1579-1639); São Padre Pio (1887-1968).

## Em resumo

Os estigmas, que são um mistério em todos os santos, nunca foram um privilégio como, às vezes, entendemos; foram momentos de sofrimento e de proximidade com a dolorosa paixão de Jesus. Não se deve entender como um "luxo" espiritual, mas como um verdadeiro martírio.

Muitos cientistas têm se debruçado sobre o assunto sem encontrar, todavia, uma palavra de concordância no sentido de algo falsificado, tampouco uma explicação para tais fenômenos. Os estigmas, que seriam as marcas das cinco chagas de Jesus, pregado na cruz, surgem nas mãos e nos pés, nas costas (marcas das chibatadas) e na cabeça (marca da coroa de espinhos). Somente nos santos, pessoas que procuraram em vida a verdadeira identificação com Cristo, as chagas se manifestaram; é um mistério que provoca curiosidade aos cientistas da área (cf. *https://super.abril.com.br/historia/o-que-sao-estigmas/*).

Padre Pio celebrou sua última missa no dia 22 de setembro, às 5h, e faleceu no dia 23 de setembro de 1968 (81 anos), às 2h30, em San Giovanni Rotondo, no sul da Itália. Assim terminou a história de um homem santo para dar início a um novo capítulo de uma história de fé na vida de seus admiradores. Nesse dia, acorreram para lá uma multidão que não acreditava na morte do santo que havia servido tanto e que estava se sentindo órfã.

Em geral, imaginamos que os santos nunca deveriam morrer. Eles são uma luz no meio de muitas escuridões, trazem alívio divino àqueles carentes de misericórdia e de presença e nos ajudam a nos aproximar mais e melhor de Deus.

Em audiência geral o papa Francisco acrescentou: A santidade é o rosto mais bonito da Igreja, o aspecto mais belo: é redescobrir-se em comunhão com Deus, na plenitude de sua vida e de seu amor. Então, compreende-se que a santidade não é uma prerrogativa só de alguns: é um dom oferecido a todos, sem excluir ninguém, por isso constitui o cunho distintivo de cada cristão" (Audiência geral, 19.11.2014).

O Papa continuou: "Alguns pensam que a santidade é fechar os olhos e fazer cara de santinho! Não é isso! A santidade é algo maior, mais profundo, que Deus nos dá. Aliás, somos chamados a tornar-nos santos precisamente vivendo com amor e oferecendo o testemunho cristão nas ocupações diárias. E cada qual nas condições e situação de vida em que se encontra..."

Padre Pio foi beatificado no dia 2 de maio de 1999 pelo papa João Paulo II e canonizado no dia 16 de junho de 2002, na Praça de São Pedro, também pelo papa João Paulo II.

## Conselho do Padre Pio

O sofrimento, suportado de maneira cristã, é a condição que Deus, autor de todas as graças e de todos os dons que conduzem à salvação, estabeleceu para nos conceder a glória. Resigna-te a ser neste momento uma pequena abelha. E enquanto esperas ser uma grande abelha, ágil, hábil, capaz de fabricar bom mel, humilha-te com muito amor perante Deus e os homens, pois Deus fala aos que se mantêm diante dele humildemente.

– Não é fácil passar pelo sofrimento. Sabemos das aflições que ele nos causa. Peçamos a Deus o dom de suportar o sofrimento como caminho do encontro com Ele.

– No texto anterior, temos apontado a questão da bilocação, do estigma e do êxtase. Vamos estudar esse assunto, pois é de interesse. Em nosso livro sobre Santa Rita, encontramos mais detalhes (cf. nota número 3).

– A Bíblia é, assustadoramente, realista quando se dirige ao problema do sofrimento. Podemos conferir o livro de Jó e Romanos 8,28 (ler); 1 Pedro 5,10; Mateus 27,28-29.

## O frade da experiência mística

No dia 12 de agosto de 1912, descreveu sua experiência mística sobre as chagas estigmatizadas de Cristo. Foi um momento de crucial agonia, dor e espanto. Padre Pio não entendia aquele propósito divino em sua vida. Seu mundo parecia ruir com aquela sensação tão desafiadora e sem consolação. Sentiu seu corpo lancinante e combalido de dor e sofrimento. Fazia uma primeira experiência de aflição e de aceitação.

Assim anotou:

"Estava na Igreja para fazer o agradecimento pela Missa quando, de repente, senti o coração ser ferido por um dardo de fogo, vivo e ardente, que pensei matar-me; faltam-me as palavras corretas para fazê-lo compreender a intensidade daquela chama: estou bastante impotente para poder expressar-me. Acredita? A alma, vítima desta consolação, ficou muda. Parecia que uma força invisível a submergisse toda naquele fogo... Meu Deus, que fogo! Em um segundo, minha alma havia sido separada do corpo... Andava com Jesus".

E continua: "A visão do personagem desapareceu e eu me dei conta de que meus pés, minhas mãos e meu peito estavam feridos e jorravam sangue. Imagine o suplício que experimentei então e que estou experimentando continuamente todos os dias. A ferida no coração sangra continuamente..."

# 2

## SUA PALAVRA

Jesus, que nada me separe de ti, nem a vida, nem a morte. Seguindo-te em vida, ligado a ti com todo o amor, seja-me concedido expirar contigo no Calvário, para subir contigo à glória eterna. Seguirei contigo nas tribulações e nas perseguições, para ser um dia digno de amar-te na revelada glória do Céu; para cantar-te um hino de agradecimento por todo o teu sofrimento por mim. Jesus, que eu também enfrente como tu, com serena paz e tranquilidade, todas as penas e todos os trabalhos que possa encontrar nesta terra; uno tudo a teus méritos, a tuas penas, a tuas expiações, a tuas lágrimas, a fim de que colabore contigo para minha salvação e para fugir de todo o pecado – causa que te fez suar sangue e te reduziu à morte. Destrói em mim tudo o que não seja de teu agrado. Com o fogo de tua santa caridade, escreve em meu coração todas as tuas dores. Aperta-me fortemente a ti, de maneira tão estreita e tão suave, que eu jamais te abandone em tuas dores. Amém! *(Oração de Padre Pio)*

Padre Pio não nos deixou livros escritos de sua autoria. Apenas algumas cartas, com importantes informações, chamadas de *epistolário*. Sua vida era um livro aberto para todos que podiam usufruir desse benefício lendo as entrelinhas de sua personalidade. Não era um santo das palavras escritas; sua vida era a história daqueles que sofriam. Assumia, em sua carne, a paixão dolorosa do Senhor.

Seus sermões, como dizemos, não eram compostos de grandes temas de teologia ou de pastoral. O que o qualificava era a simplicidade das palavras, o carinho com que acolhia e a cativante celebração da missa com uma unção especial. Suas missas eram longas e meditativas. Celebrava, por certo, aquilo em que acreditava. Hoje temos sermões longos e missas rápidas! Fala-se tanto que há a necessidade de se apressar a oração eucarística em função do tempo.

O tópico mais ilustrativo era o momento da consagração do pão e do vinho; era sublime, doloroso e de alta complexidade mística! Esse momento era de êxtase profundo, em que o povo sentia a presença mística da Eucaristia de forma singular e presencial. “Minha missa é uma mistura sagrada com a Paixão de Jesus. Minha responsabilidade é única no mundo”, disse ele chorando.

Ele era tão emblemático que dizia: "Seria mais fácil para o mundo existir sem o sol do que sem a Santa Missa", aludindo à necessidade da urgência de uma celebração bem participada. "Se os homens conhecessem o valor da Santa Missa, a polícia teria de estar sempre às portas das Igrejas para manter a ordem por causa da grande quantidade de pessoas que a assistiriam."

Apresentamos, a seguir, uma pequena seleção de pensamentos do Padre Pio diante do sofrimento, extraídos de suas cartas; tais pensamentos dão esperança e elevam a alma. Sem a necessidade de um catálogo de pensamentos, vamos anotar alguns que ficaram na memória dos devotos e das correspondências.

- "O sofrimento, suportado de maneira cristã, é a condição que Deus, autor de todas as graças e de todos os dons, que conduzem à salvação, estabeleceu para conceder-nos a glória." Como ele sabia dessa ciência de espiritualidade! Carregava em seu corpo o sofrimento e não reclamava desse peso doloroso. Podia até concluir: "Quanto mais sofrimentos você tiver, mais amor receberá".
- "Jesus quer preencher todo o seu coração." Desde cedo, ele havia se devotado a essa maneira de viver. Deixar Jesus ser o centro da vida cristã é um desafio que devemos encontrar; como é difícil assumirmos, na vida cristã, esse modo de espiritualidade!
- "Deus quer que sua incapacidade seja a sede de sua onipotência." A sabedoria da cruz nos leva a entender esse pensamento do Padre Pio. Colocar-se nas mãos do Pai certamente não é fácil; acreditar, de modo total, na divina providência é como caminhar na escuridão de nossas noites escuras (São João da Cruz).

• "A fé é a tocha que guia os passos dos espíritos desolados." Como essa ideia deveria nos impactar! A Bíblia está cheia desses pensamentos de luzes, de tochas. Jesus desceu até nós para trazer luz a um mundo que era dominado pelas trevas. Ele é o exemplo perfeito para quem quer viver de um jeito que agrada a Deus. Além disso, Jesus também afirmou que os filhos de Deus são a luz deste mundo e devem ser agentes de restauração daqueles que estão perdidos e sem esperança.

• "No tumulto das paixões e das vicissitudes adversas, que nos sustente a grata esperança da inesgotável misericórdia de Deus!" Como carecemos de misericórdia! Santa Faustina dizia: "Deus prometeu uma grande graça a ti e a todos que proclamarem esta minha grande misericórdia. Eu mesmo os defenderei na hora da morte como minha glória. E, ainda que os pecados das almas fossem negros como a noite, quando o pecador recorre a minha misericórdia, presta-me a maior glória e é a honra de minha Paixão. Quando a alma glorifica minha bondade, então o satanás treme diante dela e foge até o fundo do inferno" (D. 378).

• "Coloque toda a sua confiança somente em Deus." Padre Pio soube viver essa realidade profunda em sua vida. Seu sofrimento se somava ao de Cristo em favor dos mais pecadores, tendo em vista a misericórdia.

• "O melhor consolo é aquele que vem da oração!" Essa foi sua escola de vida e de instrução aos devotos.

• "Não tema por nada. Ao contrário, considere-se muito afortunado por ter sido considerado digno e partícipe das dores do Homem-Deus." A confiança era sua "espada" de proteção. Sabia que a confiança estava firmada no Senhor a quem servia com delicadeza. O povo de Deus deve ser caracterizado pela alegria e confiança. Isso não significa que os filhos de Deus nunca ficam tristes, mas que, mesmo nas situações mais complicadas, é possível louvar e sentir a ajuda de Deus.

Assim nos lembra do apóstolo João: "Quando estamos na presença de Deus, temos coragem por causa do seguinte: se pedimos alguma coisa de acordo com sua vontade, temos a certeza de que ele nos ouve. Assim sabemos que ele nos ouve quando lhe pedimos alguma coisa. E, como sabemos que isso é verdade, sabemos também que ele nos dá o que lhe pedimos" (1Jo 5,14-15).

• "Deus o deixa nessas trevas para sua glória: esta é a grande oportunidade de seu progresso espiritual." Palavra de difícil assimilação. Na maioria das vezes, desejamos ouvir palavras confortáveis e que nos agradam. Padre Pio vivia essas expressões com sua vida de dedicação pela causa do Reino. Não retrocedia ao sofrimento, embora, às vezes, questionasse Deus pelas dores dos estigmas em seu corpo, sem reclamar a ponto de ofender a Deus pelo presente virtuoso.

• "A felicidade só se encontra no céu." Como esse conselho é atual. Para nossos dias de tribulação, temos a tentação de ouvir sermões e palavras consoladoras. Todos procuram a felicidade, mas onde a podemos encontrar? Será que a felicidade vem de uma boa carreira, muito dinheiro, muita fama, de um romance e uma comida? Todas essas coisas podem ser boas, mas não garantem felicidade. A Bíblia mostra como ser realmente feliz.

Não somente a sociedade faz essas propostas, mas também alguns setores da Igreja se adentram nessa atmosfera. Pensemos que algumas situações nos fazem felizes: pedir perdão a Deus (Sl 32,1-2), encher-se do amor de Deus (Sl 37,4); fazer o bem (Sl 34,12-14); e ser generoso (At 20,35). A felicidade é uma coisa que se multiplica quando você a divide. Se você nunca pensa nos outros, você nunca vai sentir a alegria mais profunda de ajudar o próximo.

• "Quanto mais crescem as tentações do demônio, mais perto a alma está de Deus." Certamente. O demônio só pode tentar os eleitos que estão no confronto do Reino.

• "Bendiga o Senhor pelo sofrimento e aceite beber o cálice do Getsêmani." Que desafio à espiritualidade cristã. Estamos em um tempo em que a espiritualidade cristã está muito fluida e, sorrateiramente, disfarçada de autoestima. O sofrimento é um caminho para o céu! Na maioria das vezes, aparece o questionamento: como pode um Deus amoroso permitir que o sofrimento continue no mundo que ele criou?

Muitos imaginam que Deus deseja o sofrimento, que só faz sentido se for redentor. Por exemplo, santo Agostinho disse: "Se a uva não fosse esmagada no lagar, não haveria vinho". Já Santa Teresa aconselhou: "Nada te deve angustiar, nada assustar, tudo passa. Só Deus permanece o mesmo. A paciência tudo alcança. A quem Deus possui nada lhe falta. Deus só basta".

• "Suporte os sofrimentos durante toda a sua vida para poder participar dos sofrimentos de Cristo." Queremos tudo de Deus, de Cristo e dos santos, mas não o sofrimento. No imaginar de Santa Teresinha, o sofrimento foi uma das únicas coisas que não pedia para Deus lhe tirar. O sofrimento santifica a pessoa.

Santa Faustina tinha uma palavra de consolação àqueles que sofrem. "Quando vejo que o peso ultrapassa minhas forças, não penso sobre isso, não analiso nem me aprofundo, mas recorro como uma criança ao Coração de Jesus e digo-lhe uma palavra apenas: 'A vós tudo é possível!' E fico depois calada, porque sei que o próprio Jesus se encarregará desse assunto, e eu, em vez de me atormentar, utilizo esse tempo para amá-lo" (D. 1033).

- "A oração é a melhor arma que temos: é uma chave que abre o coração de Deus." Palavra como encerrada. Em Lc 18,1, Jesus ensina a seus discípulos o "dever de orar sem esmorecer". Orar sem esmorecer é perseverar em oração, sem desanimar, sem fraquejar, sem parar. São poucas as pessoas perseverantes e determinadas que iniciam um projeto e conseguem ir até o fim; a maioria tem tendência a desistir no meio do caminho, principalmente, se o projeto for demorado (Rinaldo Santana).

Vimos, no tempo da pandemia, como as pessoas ficaram fragilizadas e, com medo, desistiram de dar passos. Padre Pio não tinha o hábito de rezar sempre, apenas em alguns momentos; ele tinha uma vida de oração. Com Padre Pio, na época em que ocorreu a gripe espanhola, foi diferente, pois, certamente com alguns cuidados, não deixou de fazer suas atividades devido à pandemia, mesmo com as chagas abertas...

## Algumas curiosidades pouco relatadas em livros sobre o Padre Pio[4]

Há pouco mais de 100 anos, o mundo foi atingido, de fevereiro de 1918 a abril de 1920, pela pandemia da gripe espanhola, que infectou cerca de 500 milhões de pessoas em todo o planeta. Esse número representava cerca de um terço da população mundial da época. Estima-se que o número de mortes pela doença tenha chegado a 50 milhões.

O Padre Pio contraiu esse vírus no momento em que acabava de receber os estigmas. Pessoas próximas a ele em Pietrelcina também contraíram a doença, entre eles, irmãos, filhos espirituais do santo e membros de sua família.

Todas essas pessoas – incluindo o Padre Pio – experimentaram uma sensação de abandono e sofrimento. Entre setembro e dezembro de 1918, Padre Pio ficou acamado devido à gripe espanhola. Embora ele não tenha experimentado os piores efeitos da doença, ela lhe causou um enorme sofrimento, pois afetou muitas pessoas próximas a ele. "Muitos irmãos capuchinhos estavam doentes ou foram convocados para o exército italiano e forçados a irem para a linha de frente da Primeira Guerra Mundial" (*aleteia.com*).

Enfim, mesmo que Deus não fosse o agente atuante ou causador da gripe espanhola, Padre Pio viu Deus usando-a para "fins primários e secundários", isto é, para trazer o homem para mais perto Dele,

[4] Stefano Campanella pesquisou esse período. Temos algumas informações em seu livro A pandemia do Padre Pio. Discípulo da Senhora das Dores.

praticar a justiça e misericórdia divinas e esmagar a iniquidade. Essa mesma sensação é-nos compartilhada, aqui, no Brasil.

### Conselho do Padre Pio

"A oração é a melhor arma que temos: é uma chave que abre o coração de Deus!" "O trabalho é tão sagrado quanto a oração." "Ore, espere e não se preocupe. A preocupação é inútil. Nosso Senhor misericordioso escutará sua oração." "Reze e espere; não se agite, pois a agitação não leva a nada. Deus é misericordioso e escutará sua oração."

– Podemos fazer uma avaliação sobre os momentos em que nos dedicamos para a oração? Quais são as desculpas e as vitórias? Vamos partilhar alguma experiência?

– Existe muita gente orando em nome de Jesus. Vamos imaginar algumas cenas que conhecemos? Para a leitura: Efésios 6,18; 1 Coríntios 14,15; Romanos 8,26-27.

## O frade das visões

Padre Pio sempre foi conhecido como um frei de visões. Estas o perseguiam desde pequeno. Suas visões se expandiam em várias direções; desde a dos anjos, onde havia um constante colóquio, até a dos demônios, que vinham molestá-lo de quando em quando.

Aos 15 anos, pouco antes de sua entrada no convento dos capuchinhos, teve a visão de um homem esplendoroso que o convidava a lutar contra o que ele chamava de "gigante tão alto que sua testa tocava as nuvens"; o gigante era o demônio.

Inicialmente, o demônio lhe parecia quase invencível. "Entretanto o pior perigo era quando Satanás tentava enganar Padre Pio aparecendo como se fosse seu diretor espiritual ou aparecendo em forma de Jesus, da Virgem ou de São Francisco." O tempo o fez maduro, forte e vitorioso para saber discernir. Sua vida de contemplativo da Eucaristia o fortalecia de novo sereno e constante.

O jovem Francisco juntou suas forças às do homem esplendoroso e lutaram contra o gigante. Depois, o homem disse que essa batalha aconteceria durante toda a sua vida, mas que ele deveria lutar sem medo, pois seria sempre vencedor.

O demônio nem tudo pode se não se sentir livre para agir. Quem é movido pela graça e fortalecido pela oração tem as armas necessárias para o combate. Nisso o Padre Pio tinha aos cântaros. Sua vida foi de uma lição de adoração por seus admiradores.

# 3

# O ÊXTASE DO PERDÃO E DA EUCARISTIA

Ao final da missa, conversei com Jesus para a ação de graças. Oh, quão foi suave o colóquio mantido com o paraíso nessa manhã! O coração de Jesus e o meu se fundiram. Não eram mais dois que batiam, mas um só. Meu coração tinha desaparecido como uma gota de água se dissolve no mar.

São Pio foi um padre da reconciliação e da Eucaristia. Sua vida era um serviço ao evangelho de forma incomum. Como os santos são surpreendentes! Na maioria das vezes, continuamos com as opiniões equivocadas a seu respeito.

Os santos são misteriosos em seu modo de viver. Com certeza, todos os padres se dedicam à reconciliação, mas por que o Padre Pio era um diferencial nesse atendimento sacramental? Por que as pessoas faziam filas e ficavam dias esperando para se confessarem? Os confessores não são todos iguais?

Dizem os biógrafos que logo se espalhou a notícia de que era um excelente confessor e conselheiro e que suas missas eram "ungidas". As filas em seu confessionário cresciam cada vez mais. Chegava a passar até 14 horas por dia confessando e atendendo às pessoas. Muita gente sem fé se convertia ao falar com ele. Dizia para muitos, ao final da confissão: "Lembre-se: seus pecados, por mais numerosos e graves, são limitados; a misericórdia de Deus é infinita"!

Ele, de modo específico, sempre foi dedicado a esse sacramento. Celebrar a Eucaristia e reconciliar os penitentes eram as duas dimensões de sua espiritualidade carismática.

Ele disse várias vezes: "Eu quero ser apenas um pobre frade que reza". Quase nada se sabe de sua vida particular no convento, pois era uma vida simples e rotineira, como a de qualquer frade ou monge.

Temos algumas ideias sobre a vida dos santos, mas não em sua totalidade. Imaginamos que os santos não têm problemas e que suas dificuldades são sanadas em virtude de uma vida de santidade, que não é um privilégio na vida de certos homens e certas mulheres do povo Deus. Essa é um dom especial dado a alguns escolhidos. A frase "santidade da vida" reflete a crença de que, porque as pessoas são feitas à imagem de Deus (Gn

1,26-27), a vida humana tem um atributo inerente e sagrado que deve ser protegido e respeitado em todos os momentos.

Para o cristão, a santidade é a qualidade ou característica de quem pode ser considerado santo, ou seja, dotado de virtudes, inocência, piedade e pureza. O conceito de santidade é intimamente relacionado com a religiosidade e a fé. Algumas pessoas se destacam nessa virtude da religião. Em princípio, é dada a todos, mas as opções de vida, as exigências, as determinações são diversas. A escolha, enfim, acaba determinando o caminhar na fé.

Completando nosso tema, podemos afirmar que ninguém tem a santidade de Deus, mas existe outro tipo, que é dedicação total a Deus, que todo cristão deve procurar (1Pd 1,15-16). Enquanto esteve na terra, Jesus nos mostrou um pouco da santidade de Deus e da santidade de ser completamente dedicado a Deus. O santo é aquele que tem essa destinação livre e opcional e chega a dizer: "quero ser santo!" Há uma tomada de decisão!

Acreditamos que o surgimento de um santo seja um sinal divino. Em tempos de muita crise, Deus envia alguns profetas desse teor para contemporizar algumas carências de seu povo (no Antigo Testamento). Duas realidades amargavam seus filhos naquele tempo do Padre Pio: a guerra e a pandemia (gripe espanhola), que varriam milhares de vidas.

Sua atenção e espiritualidade se ancoravam em Jesus, Maria Santíssima, São Francisco e os anjos. Esse quarteto é uma totalidade para quem deseja um modo de vida renovado. Hoje, encontramos dificuldades em conviver com tantos devocionais, pois há um exagerado modo de se expressar diante de Deus e da Igreja como necessidade inequívoca. As comunidades paroquiais estão fora de controle. Os padres acrescentam inúmeros modos de devocionais à medida que surgem as "novidades" espirituais como necessárias e fundamentais para seu povo.

No intervalo da experiência de fé, estava lá em adoração ao Santíssimo Sacramento. Hoje, nossos poucos momentos de adoração são carregados de palavreados com a intenção de indicar aquilo que Jesus deveria fazer. A televisão católica, no Brasil, tem mostrado alguns momentos com o Santíssimo que nos deveriam fazer arrepios de desconforto litúrgico. Muita conversa, muita palestra, muito canto, muita "oração em línguas" diante do Santíssimo.

Quem está inventando e propondo esse tipo de adoração? Não basta mais o silêncio dos monges, à semelhança do Padre Pio? A adoração silenciosa estaria incomodando aqueles que carecem de muito palavreado. A opção, inconsciente, por uma "religião líquida" tem desvirtuado a fé da maioria, imaginando que, para agradar a Deus, precisamos despertá-lo para nossos problemas.

Não há mais um norte a seguir (diretrizes); não há mais uma bússola (Palavra de Deus) para propor a indicação do caminho mais correto, pois todos os caminhos são possíveis desde que intensifique a porta do consumo.

Padre Pio sabia estar silencioso diante de Jesus e assim fizeram os demais santos. Jesus não precisa de conselhos de seus devotos para agir. Santa Faustina tem um ensinamento sobre isso:

"Quando havia adoração na casa das irmãs da Sagrada Família, à noite fui com uma de nossas irmãs para essa adoração. Logo que entrei na capela, a presença de Deus envolveu minha alma. Rezava como o fazia em determinados momentos, sem pronunciar palavras... Quando voltei para casa, entrei 'no pequeno Jesus', prostrei-me no solo diante do Santíssimo Sacramento e disse ao Senhor: 'Farei tudo o que estiver a meu alcance, mas peço-vos: ficai sempre comigo e dai-me forças para cumprir vossa santa vontade, porque vós podeis tudo, e eu, por mim mesma, nada posso'" (D. 154).

Adolfo Affatato, 82 anos, é um dos últimos filhos espirituais do Padre Pio e continua escrevendo sobre ele. Segundo Affatato, a gratidão era importante para o Padre Pio, que falava disso com frequência.

Uma noite, Adolfo perguntou a ele se Deus perdoa todos os pecados. Ele respondeu: "Meu filho, Deus é um bom Pai e perdoa a todos. No entanto há um pecado que Ele tem dificuldade em perdoar: a ingratidão do homem". Ele, então, acrescentou: "Mas Ele sabe como esperar". Aqui surge uma das missões confiadas por Deus ao Padre Pio: trazer de volta ao redil as ovelhas perdidas.

Certa vez, Padre Adolfo apresentou-lhe um político que o desejava conhecer. Ao chegarem ao convento de San Giovanni Rotondo, Adolfo e o político subiram para esperar que o Padre saísse de sua cela. Quando saiu para atender as confissões, o Padre disse "Louvado seja Jesus Cristo" aos frades, como era seu costume.

Voltando-se para Adolfo, disse: "Quem é este que você traz hoje?"

Adolfo respondeu: "Padre, este senhor gostaria de sua bênção".

Em vez disso, o Padre Pio disse: "Interessante o que você me traz. Diga a ele que ele fez três votos na vida, e falhou as três vezes. Esta é a última chance que Deus está dando a ele. Ele deve ir diante do Santíssimo Sacramento e pedir perdão por seus pecados". Sem cumprimentar o político, desceu as escadas para atender confissões.

Ninguém, exceto o próprio político e o Padre Pio, sabia exatamente de quais pecados ele era culpado e quais votos havia quebrado. Tendo o dom de ler as almas, Padre Pio podia ver o que os outros não viam.

Adolfo sentiu o vazio gelado que dominava o político naquele momento. E ele viu o político desabar em lágrimas, em uma crise de redenção. Assim agia o santo Pio. Nada de meias palavras quando a questão envolvia Deus na causa (cf. *pt.aletia.org*). Essa atitude do Padre Pio foi chocante, mas necessária para a conversão daquele pecador.

Na maioria das vezes, damos muitas oportunidades e não chegamos a lugar nenhum. A conversão necessita de choque para mudar uma pessoa. O mesmo Jesus não tinha meias palavras: "deixe tudo"; "abandone pai e mãe"; "venda seus bens". E, assim, foi cativando, adestrando seus escolhidos e conduzindo-os ao Reino.

A entrada no Reino não é simples e cômoda. Alguns desejam uma religião *light,* e esse não é o caminho. "Se queres me seguir, renuncia a tudo..." (cf. Mt 16,21-27: se alguém quer me seguir, renuncie a si mesmo, tome sua cruz e siga-me!). Padre Pio sabia acolher, mas também sabia corrigir com amor seus penitentes.

A misericórdia tem disso. Muitas vezes achamos que Deus perdoa tudo por sua infinita misericórdia, mas também tem limites extraordinários. O papa Francisco, em sua carta ao Bispo de Płock, Dom Piotr Liber, escreveu:

"Voltemo-nos a esta fonte. Peçamos a Cristo o dom da misericórdia. Deixemos que nos abrace e entre dentro de nós. Tenhamos a coragem de voltar a Jesus, de encontrar seu amor e sua misericórdia nos sacramentos. Sintamos sua proximidade e ternura e então também nós seremos mais capazes de misericórdia, paciência, perdão e amor" (Fonte: *Vaticannews.va*).

Como anotou alguns autores, Padre Pio falava com uma linguagem direta, simples, clara e precisa, que tornava seus pensamentos tão acessíveis, pois era dirigida às pessoas como nós; falava da vida e de como nos aproximar do Senhor.

Padre Pio era severo nas confissões. Ficaram conhecidos vários casos de pessoas que, confessando, acusavam-se assim:

– "Padre, eu cometi pecadinhos usuais, as besteiras de sempre..."

E ele, irredutível, respondia:

– "Pecadinhos? Besteira ofender a Deus? Vá embora", e naquele momento não havia nada a ser feito.

Suas confissões eram como atos de anúncio e de salvação, de dor e de glória, de reprimenda e de amor. Imaginem essa cena nos dias atuais quando as pessoas continuam dizendo: "apenas pecados veniais"... Ele não desperdiça a graça divina, com a evidente certeza de que o confessionário é um "tribunal de Misericórdia Divina", mas, ao mesmo tempo, a sofrida função da caridade sacerdotal.

Na canonização do Padre Pio, o papa João Paulo II falou na homilia: "Padre Pio foi um generoso dispensador da misericórdia divina, sobretudo, por meio do sacramento da Penitência. O ministério do confessionário atraía numerosas multidões de fiéis. Mesmo quando ele tratava os peregrinos com severidade aparente, eles, tomando consciência da gravidade do pecado e arrependendo-se sinceramente, voltavam quase sempre atrás para o abraço pacificador do perdão sacramental".

Para um penitente disse:

"Não vê como está escuro? Vá colocar as coisas no lugar, muda de vida e depois volta que eu te confesso".

A um jovem que chorava Padre Pio perguntou:

– "Por que choras?"

Respondeu:

– "Porque não me deu absolvição".

Com carinho, Padre Pio consolou-o:

– "Filho, é assim a absolvição não te foi negada para mandar-te ao inferno, mas, ao paraíso".

O atendimento no confessionário para o Padre Pio não era apenas um momento de realizar o sacramento da reconciliação, mas era também um momento de muita dor e muito sofrimento. Ele sofria com os pecadores e pelas vezes que "negava" a absolvição a alguns deles. Completava essa angústia e a trocava por longas horas de adoração e pedido de misericórdia.

Padre Pio costumava dizer: "Se soubessem quanto custa uma alma! As almas não foram dadas de presente: foram compradas! Vocês ignoram aquilo o que custaram a Jesus. Ora, precisam pagar-lhe sempre com a mesma moeda?" A salvação teve o preço da cruz, por isso a confissão não deve ser um pequeno ato de se aproximar do padre para a reconciliação. Hoje, pouco se fala da reconciliação em nossas homilias. Os católicos têm desperdiçado o momento da graça como fecundo crescimento espiritual.

Não é curioso ver quase toda a assembleia na fila da comunhão e poucos no banco da confissão! Quando vamos mudar esse quadro de indiferença pela misericórdia! E quando pensamos nas conhecidas "confissões comunitárias"...

Padre Pio amava o pecador, mas era intransigente com o pecado. Eram típicas certas frases suas: "Asseguro, tu vais para o inferno"; "Quando deixarás de fazer porcarias?"; "Não sabes que é pecado mortal? Vai embora!" A multidão implorava, insistia, mas era difícil que mudasse de opinião daquela vez. Não guardava a fisionomia de ninguém: rico ou pobre, bonito ou feio, ele guardava as almas. Todos em fila, iguais, fosse um ministro ou um operário.

Na maioria das vezes, vamos à confissão com displicência e pouco arrependimento. Este foi o detalhe do Padre Pio: sabia diferenciar pecado de pecador. Apreciava a misericórdia e dava a oportunidade de se reconciliar para receber a absolvição.

Enfim, sem delongas, as confissões eram pesadas e dolorosas para o Padre Pio. Dizem que, quando ele levantava uma das mãos para absolver, uma pequena gota de sangue se desprendia de suas chagas! Que mistério insondável vertia daquela alma ensolarada da dulcíssima misericórdia. Deve ter sentido o quanto custava ao Padre Pio as confissões.

A celebração da Missa também sempre chamou atenção de seus admiradores. Quando Padre Pio deixava o altar, parecia que saía do Calvário; quando entrava no confessionário, também sofria muitíssimo por sua indignação, pelo temor de sua incapacidade de perdoar, que não acontecia o tempo todo, somente nos períodos de confissão, sobretudo, quando o Senhor lhe concedia um grandioso carisma: escutar a consciência, ver o interior dos penitentes e lhes dar uma penitência (Fonte: *www.derradeirasgracas.com*).

A Missa era para ele o momento mais conexo de sua fé. Não celebrava por celebrar. Havia paradas significativas para chorar, contemplar, silenciar, ajeitar as partes doloridas e adorar. Era a ação mais frequentada do povo que, em silêncio, o acompanhava passo a passo. Na Eucaristia, colocava todo o seu empenho e não teatralizava a celebração; vivia o mistério da contemplação de modo sereno e adorante.

Há uma catequese deixada por ele a respeito da celebração em que o catequista lhe faz algumas perguntas e ele lhe responde de forma breve. Sua missa era, de modo sequencial, um conjunto de atos de contemplação. A entrada (*introito*) era a oração ao pé do altar, momento de entrega ao pé da cruz. Essa celebração, em seus primeiros anos, durava mais de duas horas. Foi sempre um êxtase de amor e de dor. Seu rosto estava inteiramente concentrado em Deus e cheio de lágrimas.

Um de seus admiradores, ao se confessar, perguntou-lhe sobre esse grande mistério: "Senhor Padre, quero fazer-lhe uma pergunta. Diz-me, filho. Queria perguntar-lhe o que é a Missa? Por que me perguntas isso?

Para ouvi-la melhor, senhor Padre. Filho, posso dizer-te o que é a minha Missa. Pois é isso o que eu quero saber, senhor Padre. Meu filho, estamos na Cruz, e a Missa é uma contínua agonia"[5].

Segundo alguns testemunhos, ir à missa celebrada por Padre Pio era participar de um êxtase de presença. Não havia palavras para definir a emoção, o desejo e mistério. O povo se extasiava e bebia da fonte primaveril da Eucaristia. Ninguém estava em busca de entendimento, de admiração, mas de profunda adoração no mistério celebrante.

Toda a celebração era sentida como uma totalidade. Desde as orações ao pé do altar até a bênção final eram momentos de contemplação do mistério eucarístico, que se faz presença no meio da comunidade celebrante. Todos partilhavam, angustiados, com o Padre Pio de suas dores/chagas nos pés e a necessidade de estar de pé para celebrar.

Suas palavras contagiavam a todos que estavam ali para contemplar aquela celebração. "Senhor Padre, o que é sua Missa?" "Uma união sagrada com a Paixão de Jesus. Minha responsabilidade é única no mundo" (Dizia isso a chorar). "O que é que devo procurar em sua Santa Missa?" "Todo o Calvário!"

Padre Pio ia à celebração tremendo de medo e respeito. Não ia apenas celebrar, ia contemplar o mistério da paixão. E, perguntado por que tremia, respondia:

– "Não pelo que tenho de sofrer, mas pelo que tenho de oferecer".

---

[5] In: Tradition Catolica, n. 141, nov. 98 citando • Assim Falou o Padre Pio • S. Giovanni Rotondo, Foggia, Itália, 1974, com o Imprimatur de D. Fanton, Bispo Auxiliar de Vicenza.

Continuaram as perguntas:

– Em que momento da Missa é que sofre mais?

Respondia:

– Na Consagração e na Comunhão.

Estavam, aqui, seus dois êxtases diante do mistério divino da celebração. Sua última missa foi a mais martirial de todas. Estava nas últimas gotas de vida. Seu sofrimento se somava a um projeto de vida dedicado ao serviço pelo Reino. Nunca tivera desejos além de agradar a Jesus. O sofrimento foi seu companheiro de jornada. Nunca pedira a cura para si. Estava sempre voltado para a dor do próximo e o desejo de se aproximar, cada dia mais, da paixão dolorosa de Cristo. Assumiu os estigmas com delicadeza de espírito e sofreu as consequências desse dom. Viveu o que prometeu durante a vida toda: ser um simples frade.

Escreveu Paulo VI: "Veja que fama ele alcançou! Quanta gente de todo o mundo ele reuniu em torno de si! Mas por quê? Por que era um filósofo? Por que era um sábio? Por que dispunha de meios? Não, porque rezava a Missa humildemente, confessava de manhã, à noite; era representante estampado dos estigmas de Jesus! Era um homem de oração e de sofrimento".

## Conselho do Padre Pio

"Dirás tu o mais belo dos credos quando houver noite em redor de ti, na hora do sacrifício, na dor, no supremo esforço de uma vontade inquebrantável para o bem. Este credo é como um relâmpago que rasga a escuridão de teu espírito e em seu brilho te eleva a Deus." "Quando Jesus vem a nós na santa comunhão, encontra alegria em sua criatura. Por nossa parte, procuremos nele nossa alegria!"

– Quantas vezes fomos à Eucaristia com a consciência pesada por algum pecado? Como nos preparamos para a Eucaristia e para as confissões? Faz tempo que não procuramos o sacramento?

– Jesus nos ensina que a eucaristia é o próprio sacrifício de seu corpo e de seu sangue: Mateus 26,26-28; 1 Coríntios 11,27-28; João 6,54-57.

## O frade das chagas

A vida de um frade em sofrimento. Aliado as suas dores devido às chagas veio as mentiras sobre ele. Padre Pio sofreu duplamente.

Sobre a investigação de seu serviço sacerdotal iniciada pela 'Igreja', foi uma sucessão de mal-entendidos, pessoas de fora e de dentro da Igreja, invejosos das multidões que o procuravam, começaram a dizer gratuitamente, sem nenhuma prova e nem mesmo indício, que os milagres eram todos forjados, que era tudo uma invencionice dele e dos demais frades de seu convento.

Suportou momentos cruciantes em sua vida. Não havia como se defender e sua humildade parecia suplantar todas as mentiras sobre sua inocência.

Como a Igreja trata dessas coisas com muita seriedade, um inquérito eclesiástico foi aberto e, durante as investigações, suas aparições públicas foram restringidas. A investigação provou não só sua inocência, mas que os milagres atribuídos a ele eram realmente inexplicáveis.

Isolado de todos e impotente diante das mentiras e sem se defender, Padre Pio dedicou esse tempo à oração. O inquérito durou 20 anos, do pontificado do papa Pio XI até João XXIII, mas os Papas pouco tiveram a ver com a história, e sim a equipe que foi até o Padre Pio para pesquisar sobre sua vida. O próprio papa João XXIII repetiu várias vezes ao final de sua vida: "Sobre Padre Pio, enganaram-me".

# 4

# A CONVIVÊNCIA COM OS ANJOS

Um dia, o Padre Alessio foi falar com o Padre Pio. No entanto Padre Pio disse-lhe: “Você não vê que estou muito ocupado?” Padre Alessio estava confuso, já que seu amigo estava simplesmente sentado em uma cadeira. Então Padre Pio acrescentou: “Você não viu todos aqueles Anjos da Guarda indo para trás e para frente de meus filhos espirituais trazendo mensagens deles?”

O tema é mais que desafiante, empolgante e espinhoso na teologia (na angelologia: investiga a existência das criaturas angelicais e seu papel na história da Criação Divina), na pastoral e na espiritualidade. A charada são as perguntas que fazemos sem encontrar respostas convincentes ou concordantes.

O outro desafio é encontrar, em São Padre Pio, esse ponto de equilíbrio e que fuja das construções almejadas por alguns de seus devotos no que diz respeito aos anjos. Nesse sentido, ele é original, simbólico e incomparável; tem um modo peculiar de tratar seu Anjo da Guarda. Fala-se muito sobre ele, mas poucos o entendem de verdade. Ficamos na área de reserva com o confortável desejo de usufruir de sua sabedoria.

O papa Bento XVI disse: “Eliminaríamos uma parte do Evangelho se deixássemos fora esses seres enviados por Deus, que anunciaram sua presença entre nós e que são um sinal dela”. E pediu a intercessão dos anjos “para que nos sustenham no empenho de seguir Jesus até nos identificarmos com Ele” (cf. *zenit.org*, março 2009).

O assunto diz respeito a uma realidade espiritual tão maravilhosa que muitas pessoas de fé chegam a considerá-la impossível e veem nela, apenas, uma belíssima fábula. Perguntado ao Mons. Ernesto Pisoni sobre os anjos, ele disse ser uma espécie de “periferia” espiritual criada por Deus. Sua existência é uma verdade de fé!

Afirma o Catecismo da Igreja Católica (238.332-336): “A existência dos seres espirituais, não corpórea, que a Sagrada Escritura chama habitualmente de anjos, é uma verdade de fé. O testemunho da Escritura a respeito é tão claro quanto a unanimidade da Tradição”.

Na maioria das vezes, é isso que desejamos encontrar [os Anjos são seres espirituais criados, especialmente, com a mais alta distinção entre todos os seres vivos criados por Deus. Eles exercem atividades importantes no mundo espiritual, mas não são independentes nessas atividades, pois as fazem dentro dos limites em que foram criados].

Vamos a alguns ensaios sobre os anjos tentando nominá-los. De forma bastante resumida, assim o definimos como origem:

a) São seres criados: Sl 148,2-5.103,20 (céus e terra louvam o Criador). Todas as criaturas são convocadas ao louvor divino.

b) Quando foram criados?

• Gênesis nos mostra que o homem foi criado depois da queda dos anjos, pois logo Satanás se fez presente no Éden, mas há referências de sua existência mesmo antes da formação da terra: Jó 38,7; Sl 104,4-5. Eles são superiores aos homens: 2Pd 2,11; Hb 2,6-7.

Essa superioridade permanece, apenas, quanto à condição humana atual, pois futuramente esse quadro será mudado:

• Quanto aos anjos eleitos: igualdade entre eles (Lc 20,34-36).

• Quanto aos anjos caídos: nós os julgaremos (1Cor 6,3). São espíritos: “Então, o que são os anjos? Todos eles são espíritos que servem a Deus, os quais ele envia para ajudar os que vão receber a salvação” (Hb 1,14).

Podemos dizer que os anjos são divididos (hierarquia) em anjos, arcanjos, querubins e serafins. Aqui aparece a necessidade de um peculiar e sutil cuidado, pois os esotéricos afirmam: “O mundo angelical possui 72 Anjos Guardiões, divididos em nove hierarquias, e cada hierarquia tem seu Príncipe”. Da seguinte forma: Serafins, Querubins, Tronos, Dominações, Potências,

Virtudes, Principados, Arcanjos, Anjos e Gênios da Humanidade karmática.

Essa relação de hierarquia tem algo de certo, mas o cuidado é para não se colocar o pé fora da doutrina excedendo os conceitos. A Igreja os nomina de os 9 Coros Angélicos. A definição dogmática sobre os anjos deu-se no IV Concílio de Latrão realizado no ano 1215. Antes desse Concílio, a existência dos Anjos fora afirmada e formulada no Concílio Ecumênico de Niceia I (ano 325), sob o pontificado do papa São Silvestre, cujo decreto (D. 54) explica claramente: "Creio em um só Deus, Pai Todo-Poderoso, Criador do Céu e da Terra, e de todas as coisas visíveis e invisíveis".

Podemos falar sobre as obras dos anjos? Vejamos:

1) Este é o significado da Palavra "anjo": Mensageiro. Por meio dos anjos, Deus envia:

a) Anunciação (Mt 1,20-21; Lc 1,11-20).

b) Advertência (Mt 2,13; Hb 2,2).

c) Instrução (Mt 28,2-6; At 10,3; Dn 4,13-17).

2) Executores de juízo.

a) Os anjos também têm a tarefa de trazer o juízo de Deus sobre os homens:

- 2Sm 24,16 – o Senhor se arrepende.
- Mt 13,39-41 – o inimigo é o diabo.
- At 12,23 – o anjo feriu Herodes.
- Ap 7,1-3 – os quatro anjos.

3) Adoradores de Deus.

a) Não aceitam culto: Ap 19,10 e 22,8-9.

b) Rendem a Deus todo culto:

• Hb 1,6; Lc 2,13-14 – o sinal do Menino.
• Jó 38,1-41 – a manifestação de Deus.
• Ne 9,6 – o exército celestial.
c) O céu não está em silêncio: Ap 5,11-12.

4) Espíritos ministradores. É a tarefa (função) mais difícil de entender. Os anjos não somente servem a Deus, como também a seus eleitos (cf. Hb 1,14). A principal função dos anjos diz respeito à adoração a Deus. Mas além dessa função principal, embora conectada a ela, os anjos também desempenham certas tarefas relacionadas com o povo de Deus.

A função dos anjos está, também, relacionada com a Igreja. A Bíblia diz que uma das funções é vigiar o povo de Deus e proteger os cristãos, especialmente os pequeninos (cf. Salmo 34,7; 91,11; Mateus 18,10). Os anjos também observam, constantemente, tudo o que ocorre na Igreja. Assim, mediante esta, eles recebem mais e mais conhecimento da multiforme sabedoria de Deus (Efésios 3,10; 1Pedro 1,12).

"O anjo do Senhor acampa-se ao redor dos que o temem e os livra" (Sl 34,7; 34, 7; 91,1). Vejamos como isso se estende e o modo como a Bíblia o trata.

a) Servem alimentos:
• 1Rs 19,5
• Mt 4,11
b) Aprovisionam conforto: Lc 22,43
c) Abastecem de cura: Jo 5,3-4
d) Ministram livramento:
• Sl 34,7
• At 12,7-10

• Dn 6,22

e) Fornecem proteção:

• Sl 90,11

• Mt 18,10;

• At 12,15 (anjo da guarda).

De acordo com a tradição cristã, cada um de nós tem um Anjo da Guarda, que nos acompanha desde o momento do nascimento até o momento da morte, permanecendo a nosso lado em todos os momentos de nossa vida (cf. Êx 23,2-13; Dn 6,22.10,13-20; Sl 54,7.91,11-12).

São Jerônimo, doutor da Igreja, afirmou: "A dignidade de uma alma é tão grande que cada um tem um anjo guardião desde seu nascimento".

Podemos, ainda, dar outras informações bíblicas para completar a reflexão de modo mais catequético (cf. *veritatis.com.br*).

1. Apresentam nossas orações a Deus (cf. Tobias 12,12; Apocalipse 8,3-4).

2. Favorecem-nos em momentos extraordinários, conforme a vontade de Deus (cf. Gênesis 16,7-9; 19,21; 21,17; 24,7; 31,2; Êxodo 12,23; 14,19; Números 22,23; Josué 5,13; Juízes 2,1; 6,11; 13,3; Tobias 3,25-27; Daniel 3,49; 6,22; 7,16; 9,22; 14,35; 2Macabeus 3,2; 10,29; Mateus 1,20; 2,13; 24,31; 26,53; 28,2; Lucas 1,11.26; 2,9; João 5,4; Atos 1,10; 5,19; 10,3; 12,7.23;27,23).

3. Atuam como protetores da Igreja e guarda dos seres humanos (de cada um dos fiéis em particular. Cf. Salmo 33,8; 90,11-12; Daniel 12,1; Mateus 18,10; Atos 12,19).

A devoção aos anjos é mais antiga que a devoção aos santos, "mas, na Idade Média, passou a ter uma importância extraordinária em função dos monges, que, em sua vida de silêncio e recolhimento, privados de qualquer companhia, procuraram pela companhia dessas criaturas invisíveis, para que a presença delas trouxesse alegria e felicidade" (Frei Alessio, p. 149).

Hoje, existe muita negligência com a presença desses seres angelicais. A existência dos anjos é eloquente e necessitamos de muita informação e de catequese para entendê-los. Não basta somente acreditar, mas há a necessidade de se conhecer sua atuação no meio dos batizados.

Na realidade, nossas palavras são pobres para descrevê-los. Narra a doutrina judaico-cristã – como está na Bíblia – que esses entes celestiais teriam nascido do sopro divino em condições de perfeição integral, mas alguns deles teriam se rebelado contra o Criador e se convertido em seguidores de Satanás, o primeiro anjo caído, líder da insurreição que, supostamente, abalou os alicerces dos céus.

Em geral, nós os conhecemos por meio da literatura e da pintura. Normalmente, são caracterizados como criaturas providas de asas e de uma auréola dourada em torno de sua cabeça, revelam uma beleza incomparável, acentuada por sua intensa suavidade e por uma luz sem igual que emana de seu interior. Não é incomum vê-los representados, principalmente na arte ocidental, como crianças puras e virtuosas (cf. fontes: *http://www.vivos.com.br/286.htm; http://pt.wikipedia.org/wiki/Anjo).*

Padre Pio afirmava que seus anjos o acompanhavam a sua direita quando estavam em sintonia consigo. Certamente, esse era o modo como ele os via assistindo-o em suas lidas de intercessão. Padre Pio era cauteloso e prudente no trato com seu anjo da guarda.

Uma filha espiritual do Padre Pio estava caminhando para o Convento em uma estrada, pelo campo. O padre Pio a esperava no Convento dos Capuchinhos. Eram dias de inverno e nevava, o que dificultava caminhar. Ao longo do caminho, ela acreditava que não conseguiria chegar até o Convento na hora marcada. Cheia de fé, ela rogou a seu anjo da guarda que avisasse a Padre Pio que chegaria atrasada para seu compromisso, devido ao mal tempo. Chegando ao Convento, ela constatou, com grande alegria, que o monge a aguardava em uma janela, da qual ele lhe sorriu, cumprimentando-a.

A maioria das pessoas, que acreditam em anjos, não se preocupam com supostos questionamentos nem se importam com a reflexão. As dificuldades aparecem quando se trata de alguns questionamentos com poucas respostas convincentes.

Vejam. "Onde estava meu anjo da guarda quando sofria um acidente?" E "quando sou assaltado, o anjo não deveria me proteger?" E, assim, acontecem os questionamentos que se dispersam e se diluem como água no asfalto quente do meio-dia. Fazemos, despreocupadamente, essas perguntas como se estivéssemos tratando de um pequeno problema matemático. Na cabeça da maioria das pessoas, tudo parece real e óbvio. Para muitos, os anjos seriam sinais de alerta – como o relógio despertador –, ou uma espécie de semáforo nas avenidas movimentadas da vida, ou um paraquedas na escalada íngreme da vida.

Os anos de desinformação e de falta de catequese têm provocado esse clima de "conforto inocente" para alguns e de grande questionamento àqueles que se interessam por refletir sobre o assunto com mais ponderação. Em tempo de Nova Era, bastante difundido pelos espiritualistas e esotéricos, as pessoas se identificam com anjos, mas do modo deles.

Somente para termos um panorama da situação: Livros como "A Bíblia dos Anjos", de Hazel Raven (mais de 3 milhões vendidos), e "Tarot dos Anjos", de Mônica Buonfiglio (mais de 2,5 milhões vendidos), são os que mais fizeram sucesso, sem contar as séries de romances, como Halo e Fallen, sucessos entre a juventude. Entre os filmes podemos citar "Cidade dos Anjos", com Nicolas Cage e Meg Ryan, "Constantine", com Keanu Reeves e Rachel Weisz, e "Legião", com Paul Bettany e Kevin Durand (cf. *http://obviousmag.org*). Acontece que ouvimos tantas perguntas sem respostas que mais uma não faz muita diferença. Estamos tão ensaboados com certas respostas, que não nos damos ao luxo de buscar a verdade.

Já fizemos/publicamos alguns livros sobre os anjos. [6] Em todos, havia a mesma tendência em mostrar que a presença dos anjos não é material como imaginamos. Por isso a maioria acaba não acreditando neles. Observem, por exemplo, a propalada "quaresma de São Miguel". Temos visto cada coisa na internet que dá a sensação de estarmos "brincando" com a fé do povo.

---

[6] Jerônimo Gasques, Os Anjos • Deus cuida de nós, Paulus Editora, 2013, 100 páginas. Os anjos são nossos aliados neste lamaçal de crise e de misticismo que vivemos. Santa Faustina e os Anjos, Loyola Editora, 2022, 123 páginas. Nesse livro, podemos encontrar alguns pontos de referência a esse companheiro indispensável da santa mística.

É certo que o Padre Pio tinha um modo peculiar em tratar com os anjos, distinto das revelações de Mechtild Schonwert (Madalena da Cruz), da beneditina monja Hildegarda de Bingen e também do modo como Santa Faustina se relacionava com o anjo da guarda (cf. *nota* 4).

Aqui, entram o destaque, a diferença e o que devemos entender na "devoção" aos anjos. Acreditamos que a "devoção aos anjos" é complexa demais, somos mais para acreditar e viver sua relação angelical e pronto. Não precisamos imitar ninguém. Cada um tem ou deverá descobrir o modo de relação com seu anjo da guarda.[7]

Se isso não for um dom natural, como observamos no Padre Pio, devemos aprender com leituras e meditações. O exercício espiritual é salutar nesse momento de encontro e de relacionamento com esses seres angélicos.

A linguagem ajuda nesse entendimento. Nas coisas espirituais, temos a tendência de falar do mesmo modo como falamos com pessoas físicas; queremos dar o mesmo tratamento como fizeram alguns santos, quando se relacionavam com os anjos.

Veja estes parágrafos do Pe. Alessio: "As crianças possuem, especialmente, lindos Anjos da Guarda. Seus adornos são azul-claros, decorados com pérolas, uma linda coroa de rosas eternas em volta da cabeça. Os anjos dos pecadores vestem vermelho escuro, conservam os braços cruzados sobre o peito e as faces voltadas para o Paraíso, de maneira implorativa" (*idem*, p. 13).

---

[7] Frei Alessio, OFM, Padre Pio e os Anjos, 3ª edição brasileira, 2001, 156 páginas, sem Editora. Pe. Alessio, conviveu com o Padre Pio e escreveu algumas crônicas sobre essa relação de amizade com os anjos. Ele narra a presença dos anjos por vários ângulos: sorrindo, chorando, dirigindo, poliglota, cantando etc.

Deu para perceber a dificuldade de entendimento? Às vezes, tendo em vista a necessidade de tornar o juízo mais claro, acabamos complicando a reflexão. Acostumamos com as fotografias reproduzidas do anjo da guarda cuidando de crianças e esquecemo-nos dos adultos.

Todos se lembram daquele famoso quadro da criança atravessando uma ponte sobre um rio e a presença cuidadora do anjo da guarda protegendo-a! Hoje, a maioria das crianças e dos jovens moram na cidade e muitos nem conhecem algum rio por perto e menos uma ponte. Assim, concluímos que aquela fotografia ficou distante da realidade e do mundo da cidade, que tem outra dinâmica!

Podemos falar em *"Alegria dos anjos"?*

Alegria é um sentimento, apenas, humano! O modo de nos expressarmos determina nosso entendimento sobre aquilo que admiramos.

Quando as pessoas, nos grupos pentecostais, admitem "orar na linguagem dos anjos", não questionamos, tão somente, aceitamos passivamente, uma vez que esse tema é longo e de difícil entendimento. Apenas Paulo o diz: "Eu poderia falar todas as línguas que são faladas na terra e até no céu, mas, se não tivesse amor, minhas palavras seriam como o som de um gongo como o barulho de um sino" (1Cor 13,1).

Na empolgação, dizemos coisas desagradáveis à fé. A Bíblia só mostra casos de anjos transmitindo mensagens em línguas que os seres humanos entendiam. Não há nenhuma referência sobre quantas línguas eles falam, nem se têm uma ou mais línguas próprias. O foco da Bíblia é o relacionamento entre os homens e Deus, não o relacionamento com os anjos.

Precisamos de muita catequese a respeito deles. Em geral, o que se escreve e se fala, em certos ambientes, são contrários à visão da Bíblia e não contribuem para o crescimento da fé do grupo.

O Padre Pio tinha um "jeito" próprio de tratar dos anjos. Desde pequeno o fazia. Seu anjo não era um eventual companheiro. Ele era constante em sua vida. Havia uma proximidade relacional de forma diária. Ele não o invocava em momentos difíceis, como a maioria das pessoas o fazem. Seu anjo era, de verdade, o "anjo de constante guarda"!

Sua relação com os anjos era na totalidade, na cotidianidade e não na parcialidade como vemos atualmente. Padre Pio não tinha uma devoção por parte, como vemos atribuídos a São Miguel etc. Ele não era "devoto" dos anjos; eles eram seus companheiros de diário atendimento. Para cada situação, seu anjo vinha em socorro: as potestades, as dominações para os momentos mais prementes e assim por diante.

Como nos lembra Pe. Alessio: "Ele precisava de um anjo com o zelo de um Querubim, assim ele poderia estar sempre atento para defender a honra e a glória de Deus e dissipar qualquer dúvida das almas que chegavam até ele. O grande amor dos Serafins poderia ajudá-lo a ponto de ele poder honrar, servir e amar a bem-aventurada Trindade, assim se transformando em ardente holocausto de amor à Fonte do Amor" (*ibidem*, p. 15).

Sem esgotar o assunto, devemos entender que o Padre Pio tinha uma relação com os anjos de forma normal e comum. Era uma espécie de estilo de vida espiritual. Esse modo de espiritualidade é desconhecido por nós. É claro! Esse foi seu merecimento. Sua santidade requereu esse comportamento. Era comum para ele, mas desconhecido ou complicado para nós. Ele era tão próximo de nós e tão distante do modo como entendemos os anjos.

Não precisamos gastar tempo desejando imitá-lo. Era seu dom. Algo divino que o merecimento humano não capta. Não foi uma questão de devoção ou de exercício para se aproximar dos anjos. Ele não tinha visões com os anjos, como tinha Santa Faustina. Padre Pio vivia da "dimensão" dos anjos, tinha "êxtase" (do grego *ékstasis*, termo que se refere à sensação de "tirar alguém de sua própria mente"). Nesse momento ele se relacionava com os anjos de forma mais intensa. Podemos entender que êxtase é o estado emocional em que o indivíduo se sente fora de si ou em transe, caracterizado pela intensificação extrema de variados sentimentos, como o prazer, a alegria, o medo etc.

O estado de êxtase costuma ser provocado em reação a um estímulo emocional bastante intenso. Talvez, por cuidado teológico, poderíamos afirmar que, em geral, os "êxtases" conhecidos são na esfera social ou em grupos. Bem diferentes do êxtase que atribuímos ao Padre Pio. Esse é, de fato, um assunto delicado de se abordar.[8]

---

[8] Essa reflexão nos leva a vários caminhos na atualidade da igreja. De certa forma, não podemos confundir o êxtase do Padre Pio com os êxtases de alguns grupos de igreja e fora do ambiente cristão, como é a questão do xamanismo, dos terreiros da umbanda e, mesmo, do espiritismo. A utilização do corpo como instrumento de culto e louvor, em técnicas de cura ou de outros tipos, por católicos carismáticos tem despertado tanta atenção, também por sua exibição na mídia. Tocando ao violão uma música suave, sugeriu-se que todos, de pé, cada um por si e de olhos fechados,

O povo está cansado de racionalismo! Queremos um novo pentecostes e a busca de constantes êxtases. Os devotos do Padre Pio, no Brasil, são, em sua maioria, de tendência: corte-pentecostal-carismático-conservador, muito próprio desses segmentos de espiritualidade.

Temos poucos devotos do Padre Pio distantes desses grupos. Será que ele serviria para esses grupos? Certamente, não! Padre Pio é um santo da Igreja e não propriedade de alguns grupos de interesses. Parece-nos que é um detalhe na Igreja do Brasil e bem diferente da devoção na Europa, onde é cultuado.

Ele não tinha uma expressão "carismática" ao tratar dos anjos. Ele era espontâneo nessa relação com os anjos, Nossa Senhora e Jesus.

Em um dos relatos, disse: "... Anjo de Deus, meu Anjo... tu não estás tomando conta de mim?... Tu és uma criatura ou o próprio Deus?... Não. Então tu és uma criatura de Deus e tens leis a que deves obedecer... tu tens de estar a meu lado, querendo ou não...". O relato continua dizendo que ele ri com seu anjo. É uma alegria incontida naquele momento de comunhão e de questionamentos.

Sua intimidade com o Anjo da Guarda causava "inveja" em seus confessores, diretores espirituais e frades. Ele os chamava, carinhosamente, de "menino", "pequeno homem".

---

começassem a dançar, entregando-se ao Senhor , até que a maioria dos participantes, inclusive os neófitos, entraram em êxtase e ficaram, então, bailando com o Senhor, de modo que, em pouco tempo, vários caíram ao solo o que também se chama de repouso no Espírito (cf. Raymundo H. Maués, Bailando com o Senhor, www.scielo.br).

Seu anjo o despertava e rezava com ele. Narrava o Santo capuchinho: "De noite, fechava meus olhos, via descer o véu e abrir-se diante de mim o paraíso; e, consolado por essa visão, durmo com um sorriso doce e feliz nos lábios e com uma grande tranquilidade em meu semblante, esperando que meu pequeno companheiro de infância venha despertar-me e, desta forma, rezarmos juntos as orações matutinas ao amado de nossos corações" (Carta I, 308).

O Anjo da Guarda era tão presente em sua vida que lhe traduz as cartas que recebia em outras línguas e que não conhecia (grego e francês). "O Anjo da Guarda explica-lhe tudo e ele me responde o que ouve." Algumas cartas foram ditadas por seu Anjo em línguas diferentes. Inclusive, ouvia confissões de pessoas de origens diferentes e as entendia no mais perfeito colóquio e entendimento da língua de origem.

## Conselho do Padre Pio

"Pelo amor de Deus, não se esqueça desse companheiro invisível, sempre presente, sempre disposto a nos escutar e pronto para nos consolar. Ó deliciosa intimidade! Ó deliciosa companhia! Se pudéssemos pelo menos compreender isso..." (Carta escrita em 15 de julho de 1913, a Anitta.)
"Nunca digas que estás sozinha na batalha contra teus inimigos. Nunca digas que não tens ninguém com quem te possas abrir e confiar. Isso seria uma

grande ofensa que se faria a este mensageiro celestial, teu anjo da guarda."

– Conhecemos algum livro sobre os anjos? Dedico-me a esse tipo de leitura? Por que existe pouco interesse em se conhecerem os anjos?

– A Bíblia fala sobre os anjos, essencialmente sobre três nomes de anjos: Miguel, Rafael e Gabriel. Também denomina outros grupos angelicais, descrevendo suas funções e características, como, por exemplo: anjos santos (Marcos 8,38); anjos ímpios, que não conservaram seu estado original (2 Pedro 2,4 e Judas 1,6); e anjos eleitos (1 Timóteo 5,21), para ministrarem diante Deus. Além disso, a Palavra de Deus declara que existem milhares e milhões deles e que estão em constante serviço ao Deus. Outras referências: Gênesis 16,7; Gênesis 22,15; Juízes 13,13-18; Gênesis 31; Êxodo 14,19; Números 22,23; Juízes 2,1; Isaías 63,9.; Efésios 1,21; Colossenses 1,16.2,10.

# 5

## A RAINHA DOS ANJOS

Que Maria sempre enfeite sua alma com as flores e o perfume de novas virtudes e coloque a mão materna sobre sua cabeça. Fique sempre e cada vez mais perto de nossa Mãe celeste, pois ela é o mar que deve ser atravessado para se atingir as praias do esplendor eterno no reino do amanhecer (Padre Pio).

São Padre Pio era conhecido por sua devoção profunda e permanente a Maria, Mãe Santíssima. Ele disse certa vez: "Vamos nos esforçar, como tantas almas eleitas, para seguir essa Mãe bendita, para caminhar sempre perto dela, não seguindo qualquer outro caminho que leva à vida, exceto aquele trilhado por nossa Mãe".

Padre Pio foi sempre um ardoroso devoto da Santíssima Virgem Maria e dos santos anjos. São as duas vertentes de seu devocional. O título que ele dá a Maria é "Rainha dos Anjos" (a festa litúrgica é no dia 22 de agosto).

Como franciscano, não poderia deixar de prezar esse título mariano. A Ordem dos Frades Menores é proprietária da grandiosa basílica de Santa Maria dos Anjos, que está situada em uma planície perto de Assis, na Itália. Dentro da basílica existe a capela da Porciúncula, onde São Francisco faleceu. O local é considerado como o lugar onde foi fundada a Ordem Franciscana. É de uma beleza indescritível pela simplicidade simbólica do ambiente.

Padre Pio era ardoroso admirador daquele ambiente, inclusive, para imitar seu santo amado Francisco. Frei Tomás de Celano, autor da primeira biografia de São Francisco, conta sobre o quanto o santo amava aquele lugar dedicado a Nossa Senhora denominado "Porciúncula", que significa "Pedacinho":

O santo teve uma preferência especial por esse lugar, quis que os frades o venerassem de maneira toda particular e quis que fosse conservado como espelho de toda a sua Ordem na humildade e na altíssima pobreza, deixando sua propriedade para outros e reservando para si e para os seus apenas o uso (...). O bem-aventurado pai dizia que lhe tinha sido revelado por Deus que Nossa Senhora tinha uma predileção por aquele lugar, entre todas as igrejas construídas no mundo em sua honra. Por isso o santo gostava mais dela que das outras (Tomás de Celano, *Vida II*, Primeiro Livro, cap. 12).

Os devotos do Padre Pio, em geral, conhecem e rezam esta oração:

Augusta Rainha dos céus, soberana mestra dos Anjos, vós que, desde o princípio, recebestes de Deus o poder e a missão de esmagar a cabeça de Satanás, nós vo-lo pedimos humildemente, enviai vossas legiões celestes para que, sob vossas ordens e por vosso poder, elas persigam os demônios, combatendo-os por toda a parte, exprimindo-lhes a insolência e lançando-os no abismo. Quem é como Deus? Ó Mãe de bondade e ternura, vós sereis sempre nosso amor e nossa esperança. Ó Mãe Divina, enviai os Santos Anjos para nos defenderem e repeli para longe de nós o cruel inimigo. Santos Anjos e Arcanjos, defendei-nos e guardai-nos. Amém (*obs.*: às vezes, encontramos outra tradução do francês).

Na verdade, essa oração, foi indulgenciada pelo papa São Pio X no dia 8 de julho de 1908, não é do Padre Pio, mas do venerável beato Luís-Eduardo Cestac. No dia 13 de janeiro de 1864, recebeu essa oração, depois de uma visão infernal desejosa em dominar o mundo com suas insídias diabólicas.

Na festa da Assunção disse: "Toda honra a Maria! Hoje vós fostes elevada acima do coro dos anjos para a glória eterna com Cristo".

Em particular, Padre Pio via a devoção a Maria como uma arma inestimável diante da adversidade. "Em tempos de escuridão, segurar o Rosário é como segurar a mão de sua Mãe Santíssima. Reze o Rosário todos os dias. Abandone-se nas mãos de Maria. Ela vai cuidar de você."

Conhecido como "Santo do Rosário", o "Homem feito Rosário" praticou essa devoção durante toda a sua vida. Na verdade, incitava todo Católico a "amar a Senhora e a rezar o Rosário, porque o Rosário é a arma contra os males do mundo".

Dizia ele que Nossa Senhora nunca lhe recusou alguma graça por meio da recitação do Rosário, que vivia em suas mãos e era uma chave para ele. "A oração é a chave que abre o coração de Deus!" E completava: "Amar Nossa Senhora e rezar o rosário, porque o rosário é a arma contra os males do mundo. O Santo Rosário é a arma daqueles que querem vencer todas as batalhas. Invoquemos sempre o auxílio de Nossa Senhora!"

Padre Pio escreveu, muitas vezes, sobre seu amor à Mãe de Deus, lembrando-nos: "descansa teu ouvido em seu coração materno e escuta suas sugestões, e assim sentirás nascerem em ti os melhores desejos de perfeição". Ele considerava Nossa Senhora a grande força de harmonia e orientação implícita no Santo Sacramento da Penitência e disse que, "para compreender o Sacramento e fazê-lo dar mais frutos, deves entregar-te às inspirações e à direção da Santíssima Virgem".

Esse é um capítulo interessante na vida do Padre Pio. As palavras não esgotam seu objetivo, mas evidenciam algumas frases nas cartas que nos legaram. É impossível escrever e falar sobre ele sem se referir a Maria, a quem, em sua amabilidade, trata como a mãe dos padres. "Óh! Maria, dulcíssima mãe dos padres, medianeira e administradora de todas as graças, eu vos rogo do mais fundo de meu coração..."

Padre Pio fazia tributos a Maria: "Possa Maria preencher seu coração com flores e perfume das mais elevadas virtudes e coloque sua mão maternal sobre sua cabeça. Mantenha-se sempre próximo de nossa

Mãe do céu, porque ela é o mar que deve ser cruzado, para se alcançar o porto eterno de esplendor no reino do entardecer".

A vida do Padre Pio respirava Maria em tantos pontos de identidade. Nascido no mês de maio, seu batismo foi celebrado na igreja de Santa Maria dos Anjos. Quando ainda criança, visitava Nossa Senhora na Igreja todos os dias. Sua primeira peregrinação, sendo um menino de 8 anos, foi para Pompeia, perto de Nápoles, ver a Virgem do Rosário.

Em sua casa em Pietrelcina, como em todas as famílias italianas da época, o Santo Rosário era a oração familiar. Ele era devoto de Nossa Senhora do Livramento, padroeira de Pietrelcina. A Missa mais celebrada foi a da Imaculada. Em sua cela, tinha uma palavra de São Bernardo: "Maria é a razão de minha esperança".

Em um de seus êxtases, descreveu uma de suas visões: "Sobre um trono esmaltado, com pedras preciosas, vi sentada uma senhora de rara beleza: era a Virgem Maria, tendo no colo o Menino, em atitude majestosa, um rosto esplêndido e mais luminoso que o sol. Em toda, toda a volta, uma multidão de anjos sob a forma muito esplendorosa".

São Padre Pio de Pietrelcina era devoto fervorosíssimo da Virgem Maria, a quem chamava carinhosamente de "Mamma" (Mamãe). Padre Pio, como é mais conhecido, rezava continuamente a Nossa Senhora, pedindo as graças de que é dispensadora, suplicando sua intercessão, seu cuidado materno. Era para ele a verdadeira mãe. Certamente, nada estranho a um santo, mas seu modo de tratá-la foi peculiar, diferente.

Depois de conhecer um pouco a vida de oração de São Padre Pio de Pietrelcina, vejamos quatro de suas orações dirigidas à Virgem Maria, a que providencialmente temos acesso, graças a seu Epistolário, ou seja, a suas cartas (cf. *catholicus.org.br*):

1. *Minha Mãe, Maria*

Mãe de misericórdia, tem piedade de mim! Deverias compreender, minha querida Mãe, que, se o fiz, o fiz unicamente por te obedecer!

Não te preocupes que os outros pensem a teu respeito tantas coisas estranhas, nós vamos te defender. Até o momento eles te aborreceram, mas agora terão de acertar as contas conosco.

2. *Virgem Imaculada*

Santíssima Virgem Imaculada e minha Mãe, Maria, a ti, que és a Mãe do meu Senhor, a rainha do mundo, a advogada, a esperança, o refúgio dos pecadores, recorro hoje, eu que sou o mais miserável de todos.

Eu te venero, ó grande Rainha, e te agradeço todas as graças que me concedeste até agora, sobretudo por me teres libertado do inferno, tantas vezes por mim merecido. Eu te amo, Senhora amabilíssima, e, pelo amor que te devoto, prometo querer sempre servir-te e fazer tudo o que posso para que também sejas amada pelos outros. Deposito em ti todas as minhas esperanças, toda a minha saúde.

Aceita-me como teu servo e acolhe-me sob teu manto, ó Mãe de misericórdia. E, visto que és tão poderosa com Deus, liberta-me tu de todas as tentações ou dá-me forças para vencê-las até a morte. A ti peço o verdadeiro amor a Jesus Cristo.

De ti espero ter uma boa morte. Minha Mãe, pelo amor que nutres para com Deus, peço-te que me ajudes sempre, mas muito mais no último instante de minha vida. Não me deixes até que não me vejas já salvo no céu a bendizer-te e a cantar tuas misericórdias por toda a eternidade! Amém.

3. *Eu te suplico, minha Mãe*

Ó celestial tesoureira de todas as graças, Mãe de Deus e minha, Maria, porque és a filha primogênita do eterno Pai e tens na mão sua onipotência, tem piedade de minha alma e concede-me a graça que fervorosamente te suplico...

*Ave, Maria...*

Ó misericordiosa dispensadora das graças divinas, Maria Santíssima, tu, que és a Mãe do eterno Verbo encarnado, que te coroou com imensa sabedoria, considera a grandeza de minha dor e concede-me a graça de que tanto necessito...

*Ave, Maria...*

Ó amorosíssima dispensadora das graças divinas, imaculada esposa do eterno Espírito Santo, Maria Santíssima, tu, que dele recebeste um coração capaz de ter piedade das humanas desventuras e não pode resistir sem consolar quem sofre, tem piedade de minha alma e concede-me a graça que espero com plena confiança em tua imensa bondade...

*Ave, Maria...*

Sim, ó minha Mãe, tesoureira de todas as graças, refúgio dos pobres pecadores, consoladora dos aflitos, esperança dos desesperados e auxílio poderosíssimo dos cristãos, eu deposito em ti toda a minha confiança e estou certo de que me obterás de Jesus a graça que tanto desejo, desde que seja para o bem de minha alma.

*Salve, Rainha...*

4. *Eu te saúdo, Maria*

Eu te saúdo, Maria, filha amada do Pai eterno. Eu te saúdo, Maria, virgem Mãe do Filho de Deus. Eu te saúdo, Maria, esposa imaculada do Espírito Santo. Eu te saúdo, Maria, templo vivo da Santíssima Trindade.

Eu te saúdo, Maria, concebida sem mancha alguma de pecado, toda pura e santa. Eu te saúdo, Maria, virgem puríssima antes do parto, no parto, após o parto.

Eu te saúdo, Maria, Mãe dolorosa, rainha dos mártires, coração dos corações que sofrem. Eu te saúdo, Maria, estrela de nosso caminho, fonte de nossa esperança, fonte puríssima de alegria, porta do paraíso. Eu te saúdo, Maria, consoladora dos aflitos, mãe do belo e casto amor das almas virgens, porto sereno de paz.

Eu te saúdo, Maria, mediadora potentíssima e piedosa de todas as graças, aurora suspirada do dia eterno, prelúdio suavíssimo sobre a terra da maravilhosa harmonia dos céus. Eu te saúdo, Maria, rainha dos anjos e dos santos, rainha nossa, soberana patrona da ordem Seráfica. Eu te saúdo, Maria, refúgio dos pecadores, mãe dulcíssima. Amo-te muito, muito, ó bela mãe, ó minha mãe, conserva-me puro.

Leva-me a Jesus.

Salve, ó Maria.

***

Em êxtase de amor mariano, como filho meditava: "Que Maria sempre enfeite sua alma com as flores e o perfume de novas virtudes e coloque a mão materna sobre sua cabeça. Fique sempre e cada vez mais perto de nossa Mãe celeste, pois ela é o mar que deve ser atravessado para se atingir as praias do esplendor eterno no reino do amanhecer".

A devoção à Virgem Santíssima nasceu de seu coração orante. Não era uma devoção à parte de sua fé ou condicionada por algum devocionismo. A devoção mariana fazia parte de seu "artigo" de fé. Seu amor e sua devoção pela Bem-Aventurada Virgem Maria são lendários. De fato, passou grande parte de seu ministério exaltando suas virtudes e exortando todos os Católicos a que recorressem com confiança a sua piedosa intercessão.

"Assim que me ponho a rezar, logo sinto o coração como que invadido por uma chama de amor; essa chama não tem nada a ver com qualquer chama deste baixo mundo. É uma chama delicada e muito doce, que consome e não causa sofrimento algum. Ela é tão doce e tão deliciosa, que o espírito prova sua complacência e permanece saciado, mas sem perder o desejo – oh Deus! –, algo que me parece maravilhoso e que talvez jamais consiga compreender, a não ser na pátria celeste" (*epistolário* 1, 461).

## Conselho do Padre Pio

– "Que Maria seja a estrela que ilumina vossos passos e vos mostre o caminho seguro para ir ao Pai Celeste!" "Como a Virgem, apoia-te na cruz de Jesus e não ficarás sem consolação." "Por aquele sim pronunciado por Maria Santíssima, o mundo obteve a salvação, e a humanidade foi redimida!" "Que Maria seja teu doce modelo e tua inspiração na virtude da santa humanidade!"

– Podemos descrever nossa devoção a Maria Santíssima? Vamos fazer uma relação do modo como devotamos admiração por ela?

– Não podia, portanto, a Palavra de Deus, a Bíblia Sagrada, calar-se a respeito da mais sublime de todas as criaturas. Alguns textos: Lucas 1,26-51.2,35; João 2,3-5.19,26-27; Mateus 1,18-25; Apocalipse 12; Miqueias 5,1-3. A Bíblia e a Tradição da Igreja, que, juntas, formam o único depósito da Revelação divina, mostram, de modo cada vez mais evidente, o papel da Santíssima Virgem Maria, Mãe de Jesus Cristo, na economia da salvação da humanidade.

# 6

# ORAÇÕES DEVOCIONAIS AO PADRE PIO

Rezar faz parte da vida cristã. Conhecemos aquelas tradicionais: Pai-Nosso, os Salmos e Ave-Maria. São as orações bíblicas a que devemos nos ater com segurança. As demais foram nascendo e se compondo ao longo do tempo. As orações marianas se firmaram com o passar dos séculos e nos inspiram o encontro profundo com Maria Santíssima a exemplo do Padre Pio.

Quantas vezes você já ouviu (ou disse), em momentos extremos, agora só podemos rezar? Nesse momento, orar parece ser nosso último recurso, uma coisa que só fazemos quando não temos mais esperança. Mas a oração é nossa maior arma! Nossas orações têm muito poder, pois nos aproximam de Deus e nos fortalecem! Devemos aprender a rezar por nós e pelo próximo.

Podemos observar estas passagens para dar sentido e conteúdo à oração: o poder de Jesus (Jo 14,13-14), a cura (Tg 5,16), os milagres (Mt 21,21-22) e o pedido insistente (Mt 7,7).

Qualquer coisa que alguém deseje obter na vida é possível por meio da oração. Todas as conquistas dos grandes heróis do povo de Deus ocorreram como resposta à oração fervorosa. Alguns exemplos: a oração de Ana (1Sm 1), a oração de Josué (Js 5), a oração de Davi (Sl 23), a oração de Ezequias (2Rs 19), a oração de Jesus (Jo 2,2-9).

Para uma oração ser atendida, é preciso algumas condições:

– Crer com firmeza (Mt 7,7.11,24).

– Obedecer sempre (1Jo 3,22).

– Aceitar a vontade de Deus (1Jo 5,14).

– Empregar o nome de Jesus (Jo 14,13).

– Não duvidar no coração (Tg 1,5-6).

Modelos de orações no Novo Testamento:

– O Pai-Nosso (Mt 6,9-13).

– A oração de arrependimento do coletor de impostos (Lc 18,13).

– A intercessão de Jesus por seus discípulos (Jo 17).

– A oração de Jesus na cruz (Lc 23,34).

– Algumas das preces de Paulo por seus companheiros de Corinto (Ef 1,15-23; 3,14-21; Fl 1,3-11; Cl 1,9-12).

Todas as vezes que um devoto se aproximava de Padre Pio para lhe pedir ajuda e conselhos espirituais, ele repetia incansavelmente: "Tenhamos a firme esperança de sermos ouvidos, confiantes na promessa que nos faz o Divino Mestre: pedi e recebereis, buscai e achareis... Porque tudo o que pedis ao Pai em meu nome vos será dado".

## 1. Oração: Fica comigo, Senhor (de São Pio de Pietrelcina)

Fica, Senhor, comigo, pois preciso de tua presença para não te esquecer. Sabes quão facilmente posso te abandonar. Fica, Senhor, comigo, porque sou fraco e preciso de tua força para não cair. Fica, Senhor, comigo, porque és minha vida, e sem ti perco o fervor. Fica, Senhor, comigo, porque és minha luz, e sem ti reina a escuridão. Fica Senhor comigo, para me mostrar tua vontade. Fica, Senhor, comigo, para que ouça tua voz e te siga. Fica, Senhor, comigo, pois desejo amar-te e permanecer sempre em tua companhia. Fica, Senhor, comigo, se queres que te seja fiel. Fica, Senhor, comigo, porque, por mais pobre que seja minha alma, quero que se transforme em um lugar de consolação para ti, um ninho de amor.

Fica comigo, Jesus, pois se faz tarde e o dia chega ao fim; a vida passa, e a morte, o julgamento e a eternidade se aproximam. Preciso de ti para renovar minhas energias e não parar no caminho. Está ficando tarde, a morte avança e eu tenho medo da escuridão, das tentações, da falta de fé, da cruz, das tristezas. Oh, quanto preciso de ti, meu Jesus, nesta noite de exílio.

Fica comigo nesta noite, Jesus, pois, ao longo da vida, com todos os seus perigos, eu preciso de ti. Faze, Senhor, que te reconheça como te reconheceram teus discípulos ao partir do pão, a fim de que a Comunhão Eucarística seja a luz a dissipar a escuridão, a força a me sustentar, a única alegria do meu coração. Fica comigo, Senhor, porque na hora da morte quero estar unido a ti, se não pela Comunhão, ao menos pela graça e pelo amor.

Fica comigo, Jesus. Não peço consolações divinas, porque não as mereço, mas apenas o presente de tua presença; ah, isso sim te suplico! Fica, Senhor, comigo, pois é só a ti que procuro, teu amor, tua graça, tua vontade, teu coração, teu Espírito, porque te amo e a única recompensa que te peço é poder amar-te sempre mais. Com este amor resoluto, desejo amar-te de todo o coração enquanto estiver na terra, para continuar a te amar perfeitamente por toda a eternidade. Amém.

São Padre Pio, rogai por nós!

## 2. Oração ao Padre Pio para pedir sua intercessão

Oh, Deus, que a São Pio de Pietrelcina, sacerdote capuchinho, concedestes o privilégio de participar, de modo admirável, da paixão de vosso Filho, concedei-me, por sua intercessão, a graça de (*formular o pedido*) que ardentemente desejo e permiti, sobretudo, que eu me conforme com a morte de Jesus para alcançar, depois, a glória da ressurreição.

Glória ao Pai (3 vezes).

## 3. Oração para pedir a glorificação

Oh, Jesus, cheio de graça e caridade, vítima dos pecadores, que, impulsionado pelo amor a nossas almas, quiseste morrer crucificado, rogo-te humildemente glorificar também sobre esta terra o Servo de Deus, Padre Pio de Pietrelcina, que, em participação generosa em teus sofrimentos, tanto te amou e tanto se entregou ao Pai Eterno pelo bem das almas!

Suplico-te, oh Jesus, que me concedas, pela intercessão de Padre Pio, a graça (*formular o pedido*), que ardentemente desejo. Glória ao Pai (3 vezes).

## 4. Oração do Papa João Paulo II a São Pio de Pietrelcina

Ensine-nos, nós lhe pedimos, a humildade de coração para sermos incluídos entre os pequeninos de que fala o Evangelho, aos quais o Pai prometeu revelar os mistérios de seu Reino.

Ajude-nos a ter um olhar de fé, capaz de reconhecer prontamente nos pobres e nos sofredores a face do próprio Jesus. Sustente-nos, nos momentos de luta e de provações, e, se cairmos, faça com que experimentemos a alegria do sacramento do perdão.

Transmita-nos a terna devoção a Maria, mãe de Jesus e nossa. Acompanhe-nos na peregrinação terrena em direção à Pátria abençoada, aonde também esperamos chegar um dia para contemplar eternamente a Glória do Pai, do Filho e do Espírito Santo. Amém.

## 5. Oração do Santo Padre Pio na visita ao Santíssimo Sacramento

Senhor Jesus Cristo, que por amor aos homens habitais noite e dia no Sacramento, esperando, chamando, acolhendo todos os que o vêm visitar, eu creio que estais realmente presente neste tabernáculo. Adoro-vos, abismado que estou no meu nada, e agradeço-vos tantas graças que me haveis concedido, especialmente a de vos terdes dado por advogada Maria, vossa Santa Mãe, e me terdes chamado a visitar-vos nesta igreja.

Saúdo, hoje, vosso adorável coração e espero saudá-lo por um triplo fim:

a) em agradecimento por este dom magnífico;

b) em compensação de todas as injúrias que vos fazem vossos inimigos, neste sacramento;

c) quero por esta visita adorar-vos em todos os recantos da terra.

Meu Jesus, amo-vos de todo o coração. Lamento ter no passado ofendido tantas vezes vossa bondade infinita. Proponho com vossa graça não vos tornar a ofender para o futuro e para o momento presente. Em minha miséria, consagro-me inteiramente a vós, renuncio minha vontade e dou-a inteiramente a vós, bem como minhas afeições, meus desejos e tudo o que me pertence. Fazei de mim, daqui em diante, bem como de meus bens, tudo o que vos aprouver. Eu não peço nem desejo senão vosso santo amor, a perseverança final e a perfeita submissão a vossa vontade.

Recomendo-vos as almas do purgatório, especialmente as que foram mais devotas do Santíssimo Sacramento e da Santíssima Virgem. Recomendo-vos também todos os pobres pecadores. Enfim, uno, ó meu Salvador, todas as minhas afeições às de vosso adorável Coração e ofereço-as ao Pai Eterno, pedindo-lhe para as aceitar e acolher por vosso amor. Assim seja.

## 6. Oração de confiança do Padre Pio

Jesus, que nada me separe de ti, nem a vida, nem a morte. Seguindo-te em vida, ligado a ti com todo o amor, seja-me concedido expirar contigo no Calvário, para subir contigo à glória eterna. Seguirei contigo nas tribulações e nas perseguições, para ser um dia digno de amar-te na revelada glória do céu; para cantar-te um hino de agradecimento por todo o teu sofrimento por mim. Jesus, que eu também enfrente, como tu, com serena paz e tranquilidade, todas as penas e todos os trabalhos que possa encontrar nesta terra; uno tudo a teus méritos, a tuas penas, a tuas expiações, a tuas lágrimas, a fim de que colabore contigo para minha salvação e para fugir de todo o pecado – causa que te fez suar sangue e te reduziu à morte. Destrói em mim tudo o que não seja de teu agrado. Com o fogo de tua santa caridade, escreve em meu coração todas as tuas dores. Aperta-me fortemente a ti, de maneira tão estreita e tão suave, que eu jamais te abandone em tuas dores. Amém!

Padre Pio de Pietrelcina, rogai por nós!

Um filho espiritual disse: Padre Pio faça um plano de oração para minha vida. Padre Pio respondeu-lhe: "Meu filho, o melhor plano de oração é o Santo Rosário".

## O frade santo

Padre Pio passou 50 anos em San Giovanni, levando a mesma vida e fazendo o bem aos que o procuravam. Sua vida foi de uma profunda monotonia carregada de sentimento de fé, reconciliação e comunhão. Foi um ser dedicado às coisas de Deus.

Sua fama de santidade já percorria o mundo, mas ele continuava sua vida pobre de frade capuchinho, sem fazer grandes sermões ou discursos, sem escrever livros. Ele disse várias vezes: "Eu quero ser apenas um pobre frade que reza". Quase nada se sabe de sua vida particular no convento, pois era uma vida simples e rotineira, como a de qualquer frade ou monge.

Era o homem da reconciliação e da Eucaristia. Eram os dois momentos divinos em sua vida. Abatido pela fragilidade, celebrava a Missa de forma incomum. Não havia atrativos, a não ser o grande mistério que o circundava naquele momento sublime.

O tópico mais ilustrativo era o momento da consagração do pão e do vinho; era sublime, doloroso e de alta complexidade mística! Esse momento era de êxtase profundo, em que o povo sentia a presença mística da Eucaristia de forma singular e presencial. "Minha missa é uma mistura sagrada com a Paixão de Jesus. Minha responsabilidade é única no mundo", disse ele chorando.

Nos últimos anos, sua saúde piorou e seus sofrimentos físicos aumentaram. Faleceu serenamente e em paz após receber os sacramentos e celebrar sua última e emocionante Missa, aos 81 anos de idade, no dia 23 de setembro de 1968.

# CONCLUSÃO

"É ótima prática almejar a extrema perfeição na vida cristã. Pedir a Jesus que nos faça santos não é soberba, nem audácia, porque é o mesmo que desejar amá-lo com grande amor."

Percorremos alguns aspectos da vida do Padre Pio, registramos algumas impressões pessoais e fruto de determinadas meditações a seu respeito. São Padre Pio foi uma personalidade marcante para seu tempo. O mais curioso que ele, ainda, continua marcando as pessoas com seu carisma, que ficou registrado naqueles testemunhos que nasceram de uma experiência.

Padre Pio foi significativo para seu tempo e continua sendo uma inspiração para os dias atuais. Não sabemos descrever como Deus prepara os caminhos para os santos. Sabemos que eles não eram extraordinários ou fora de um propósito. Os santos tinham uma característica que os assemelham: ser simples e humildes. Não eram notados e, por vezes, desconsiderados diante dos demais irmãos do convento, do claustro e etc. A santidade tem uma característica comum: modéstia e humildade para sempre.

A modernidade tem determinadas dificuldades em reconhecer a santidade em algumas pessoas. Tudo parece fluir de forma comum, e poucos aceitam algum projeto de vida que excede ao cotidiano. A vida "normal" parece ser a norma da maioria. Ir à Igreja, assumir algum projeto de evangelização é um afazer que atrapalha a normalidade da maioria.

Era o início do século XX com todos os aparatos históricos daquele período. Embora fosse tempo de muitas conquistas na sociedade, na Igreja, parece que as coisas caminhavam bastante devagar.

Padre Pio era um "sucesso"! Ordenou-se no dia 10 de agosto de 1910. O mundo se preparava para a guerra. Doente, não pôde dar continuidade a seu ministério como padre. Recolheu-se em Pietrelcina com seus pais até 1916. Em seguida foi transferido para San Giovanni Rotondo, onde permaneceu até sua morte.

Foi um padre marcado pelo sofrimento, pela dor e pelos desconfortos da vida em seu ministério. Deus o escolheu para receber os estigmas em 1918. Começou outro tipo de sofrimento mais profundo, agudo e atroz. Principiou, também, o sofrimento da incompreensão e das mentiras. Permaneceu escondido diante de si. Não havia palavras para explicarem tais sinais misteriosos que deixavam todos perplexos.

Diante de si mesmo não tinha como se esconder. Havia apenas a simplicidade em tudo que fazia e a tenacidade de um modo de vida singular que constrangia seus irmãos do convento. As marcas eram visíveis. O sangramento era constante e iniciou um processo de explicação para tal fenômeno. Certamente, humilhante para o santo Padre Pio. Passou por testes de veracidade e, quem sabe, de sanidade mental.

O que restava de tudo aquilo era a oração e o sofrimento oferecidos com amor pelos pecadores. Não podia se subtrair daqueles que o procuravam para a confissão e o atendimento espiritual. Era um ministro ferido pelas chagas do divino Pastor.

Pensamentos que impactam a vida cristã: "A felicidade só se encontra no céu. Quanto mais crescem as tentações do demônio, mais perto a alma está de Deus. Bendiga o Senhor pelo sofrimento e aceite beber o cálice do Getsêmani. Suporte os sofrimentos durante toda a sua vida para poder participar dos sofrimentos de Cristo. A oração é a melhor arma que temos: é uma chave que abre o coração de Deus".

Padre Pio era uma alma em busca das ovelhas. Dizem que, às vezes, saía pelos campos para se encontrar com os camponeses e falar-lhes de Jesus. Quem sabe era um modo de distração ou uma vontade de amar a natureza como fizera seu pai espiritual Francisco de Assis.

Era gente que chegava e saía. Curiosos e penitentes. O atendimento pastoral se estendia às altas horas da noite. Acreditamos que essa prática, embora benéfica, criava algum desconforto entre os frades, pois eles tinham horários para tudo e bem determinado. Padre Pio quebrava a rotina do convento.

Ia às confissões com aquele dever de se refazer as potências do Divino, para que, em nome dele, perdoasse àquelas almas contritas. A confissão era um sacrifício. O perdão era uma decisão divina, para qual o sacerdote devia estar preparado: "eu te absolvo..."

Não era, apenas, um homem que rezava e celebrava com fervor; era atento ao sofrimento humano. Tomou a peito as dores da causa pelos doentes, para os quais construiu um grande hospital. Os pobres tinham um lugar especial em seu modo de ser santo. As crianças eram primorosas em seu zelo pastoral. Os sacerdotes pobres e que não tinham ninguém por eles haviam encontrado um lugar para viveram seus últimos dias. Tudo isso somado se chama misericórdia. Fomentava os grupos de oração para aprenderem a rezar juntos uns pelos outros.

Pouco se sabe de sua vida espiritual. Em sua humildade, não gostava de falar de si. Eis uma frase que resume toda a sua vida: "O amor é a rainha das virtudes, como as pérolas se ligam por um fio, assim as virtudes, pelo amor. As pérolas se soltam e fogem quando se rompe o fio. Assim também as virtudes se desfazem afastando-se o amor. É preciso amar, amar e nada mais".

Tentando encontrar palavras de síntese, cinco episódios dignificavam-no:

1. A intimidade com o Anjo da Guarda. Não era, apenas, devoto. Era companheiro do diálogo constante. Havia comunhão entre eles. Dizia: "Se a missão de

nosso Anjo da guarda for uma grande missão, minha missão é sem dúvida maior, porque ele tem de ser como um professor para me explicar outros idiomas".

2. A busca do sacramento da reconciliação. Era o homem do altar da Eucaristia e da reconciliação. Eram dois êxtases de momento íntimo de comunhão com Jesus. Seu atendimento aos pecadores era preparado por longas horas diante de Jesus sacramentado. Não ia à confissão sem ter passado, longo tempo, diante do misericordioso Jesus. Tinha frases impactantes: "Nestes tempos de fé morta, de impiedade triunfante, o meio mais seguro para manter-se livre do pestífero, mal que nos circunda, é fortalecer-nos com o Alimento Eucarístico".

3. Pobreza e humildade. Nada para si. Nunca teve coisa nenhuma que fosse sua. Um verdadeiro despojado de bens, mais tarde, olhando para os sofredores, fundou um hospital de acolhimento àqueles que sofriam dos males do corpo. Com esse gesto se tornou um homem completo. Cuidador da alma e do corpo!

Não tinha apenas a preocupação com a "salvação da alma", era também atencioso aos sinais do corpo humano, sofrido e empobrecido pelas circunstâncias sociais. Certa vez, um jovem lhe perguntou o que deveria fazer para alcançar a salvação. Respondeu: "Salva tua alma!" Alguns se esquecem do restante e completam a frase: "Eis o essencial, todo o resto passa! A salvação da alma dura eternamente".

4. A devoção a Nossa Senhora. Não há como falar do Padre Pio sem citar Maria, a companheira de caminhada entre os espinhos e as tentações. "O Santo Rosário é

a arma daqueles que querem vencer todas as batalhas!" "Lembre-se de que você tem no Céu não somente um Pai, mas também uma doce Mãe!"

5. "Sou um simples frade que reza." Essa é a síntese de sua vida. Projeto que sempre o acompanhou! Homem sem pretensão humana, apenas tinha a ambição de servir o Reino. Era um instrumento divino em meio aos padecentes das dores da alma e do corpo. Nesses, estava seu deleite.

Pode parecer pouco, mas são pontos em destaque para qualquer indivíduo que busca a perfeição e o autoconhecimento. O início do século XX foi marcado por grandes catástrofes: a guerra e a gripe espanhola, que assolaram o mundo inteiro. Foi um período que se notabilizou pelos inúmeros avanços tecnológicos, pelas conquistas da civilização e reviravoltas em relação ao poder. Foram fatos que marcaram os cristãos acostumados com um tipo de cristianismo mais sossegado.

Com o crescimento das ciências e os confortos da vida moderna, aninhava-se, no interior da Igreja, um ser humano que buscava a perfeição diante de Deus e ser um aparato de proteção aos pecadores por meio da reconciliação e da Eucaristia.

Era um santo que nascia, não obstante as distrações da guerra e da pandemia, que iniciava assolar a Europa do final do século XIX. O mundo se amedrontava diante dos desterros políticos, mas, por outro lado, Deus estava indicando e fazendo nascer um caminho novo: um santo!

O santo tem a função de aglutinar aquelas forças submersas de esperança e, no provisório, alastrar-se como raízes em busca da água. Assim foi o que aconteceu com esse humilde homem de Pietrelcina, no sudoeste da Itália. Não era dotado de saúde. Era possuidor de um bem-estar abalado, mas com uma coragem e teimosia pelo Reino que o fazia repleto de bênçãos franciscanas. Os estigmas o perseguiram em toda a sua vida de padre.

Era um homem flagelado e provado pela paixão de Cristo. Finalizou sua trajetória de frade em San Giovani Rotondo. Permaneceu, praticamente, toda a sua vida naquela região. Ali, Deus o chamou para a grande missão: transformar corações e almas dedicadas ao Reino. Foi uma luz em meio a tantas escuridões de almas angustiadas à procura de claridade.

Foi santo, mas severo em sua missão. Não dava trégua aos pecadores que desejavam ser perdoados por ele por meio do sacramento da reconciliação. Foi o santo dos êxtases. Reconciliar e celebrar eram momentos de tremenda responsabilidade para ele.

Invoquemos e, se possível, imitemos esse homem de Deus que deu, a seu tempo, aquilo que as almas contritas buscavam: a reconciliação. Hoje ansiamos por esse tempo; carecemos de reconciliação em meio a tantos conflitos...

## Alguns pensamentos do Padre Pio

“Nos debates sobre a figura de São Padre Pio, não raro se formula um juízo superficial a seu respeito. É preciso ler o Epistolário de Padre Pio, para perceber sua real estatura, porque só Deus sabe como eram os dias e, mais ainda, as noites desse sacerdote, quando saía do confessionário com a alma carregada dos sofrimentos e dos pecados derramados em seu coração" (cf. *Palavras de luz*: florilégio do epistolário, Loyola 2001).

Na busca de Deus: "O coração bom é sempre forte, sofre, mas oculta suas lágrimas e se consola sacrificando-se pelo próximo e por Deus". Assim deve ser a vida cristã e a procura por Deus.

O esforço do encontro com Deus: "Procura conformar sempre e em tudo a vontade de Deus em todos os acontecimentos e não tenhas medo. Essa conformidade é o caminho seguro para chegar ao céu".

Na dúvida, só Deus mesmo: "Sinto tanta pena dos que não têm fé! Não consigo entender. Como pode ser ateu em um mundo onde as plantas crescem, o sol brilha, os pássaros cantam. São homens sem imaginação".

Divulguemos a admiração por São Padre Pio...

# ÍNDICE

Este livro foi composto com as famílias tipográficas Georgia e Franklin Gothic
e impresso em papel Pólen Natural 70g/m² pela **Gráfica Santuário.**